西樵歷史文化文獻叢書

南海九江朱氏家譜（二）

（清）朱次琦 朱宗琦 纂修

廣西師范大學出版社
GUANGXI NORMAL UNIVERSITY PRESS
·桂林·

南海九江朱氏家譜卷三

七世孫學懋初輯　十五世孫［印遮］

十世孫昌瑤續脩　十六世孫士報

十五世孫士仁編校

十七世孫西長　福元

十六世孫奎元捐刊　顯元

宗支譜

圖二 居址附

錄存著房所屬支派二世至十八世

一世　二世　三世　四世

始祖子議 字獻謀 配關氏 ─ 原達所屬支派見二卷

居上沙始定著爲廣州府南海縣九江鄉上沙里人謹按上沙今隸九江西方太平約

善達

字性夫配關氏祠匾曰存著堂今稱存著房

明裕

字存誠配盧氏繼葉氏

保

字□□配□氏謹按舊譜保公字氏俱闕或作號保塘配周氏以無確據不敢妄登附著於此

定

字定伯配周氏繼梁氏

昌

字誠男配葉氏繼嚴氏

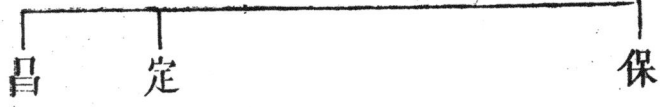

仲裕 字伯呂 配左氏

謹按 舊譜伯呂公無號查見墓碑作號存信附著於此以俟考核

妙政 字□□ 配□氏

惟秉 字世忠 號直塘 配康氏

妙平 字世直 號方塘 配周氏

稅達所屬支派詳四五卷

四世

保 見上

五世

昭 字克明 號月梅 配□氏 立文禶繼

六世

文禶 字邦錦 配闞氏 繼梅氏

七世

應禹

應周 字以岐 號平樂 配闞氏

- 定 見上
  - 廉 字子靜 號靜臺 配何氏
    - 金成 字有餘 號善翁 配周氏
      - 景賢 殤
      - 景厚 殤
      - 景量 字元廣 號竹溪 配梁氏
      - 景寬 字元裕 號東濵 配關氏
      - 景道 字元性 號雙溪 配曾氏
  - 序 字子列 配周氏 立文祥繼
    - 文祥 字邦瑞 配曾氏
      - 景達 字以望 配陳氏
- 昌 見上
  - 貴 字國重 號北莊
    - 文禎 字邦兆 號接莊
      - 應朝 字以爵 號方池

配曾氏
繼夏氏

配曾氏

配黄氏

文祥 出繼序

文祿 字邦宁 號寄閒 配陳氏

應宣 字以化 號安遇 配吳氏

應陽 字以潛 號見樵 配李氏

應純 字茂一 號卓賢 配黄氏

應統 字以大 配關氏

應緝 字茂和 配張氏

文補 字邦重 號樂閒 配黄氏

建隆 字次明 號貞庵 配曾氏

謹按貞庵公字次明舊譜闕注據本墓誌增入

文祚 字邦惠 號愛閒 配張氏

應集 字茂誠

應權 字以立 號敬閒 配梁氏

英 字國英 號南溪 配陳氏

文祐 字邦佐 號弼明 配鄭氏

應元 殤

應章 字以和 號樂友

正
字國正
號迺齋
增生配
陳氏

文穳
出繼昭

紹熹
字道本
號南江
配吳氏

配彭氏

應堯
字以聖

應舜
字以仁

應湯
字以智

應文

應武

建中
字次端
號雁屏
配黃氏
謹按
舊譜作
岸屏誤
據本墓
誌更正

傑
字國豪
號東昇
配梁氏

鐸
原名文祛
字振號
同道川
庠生
配陳氏

文禋
字道沛
號平波
配關氏

建和
字次嚴

建業
字少成
號脩吾
配陳氏

建藩

建岳
字次申
號嵩台
配關氏

建期
字信伯
號念川
配曾氏

建綱
字茂常
號倫台
配曾氏

妙政　見上

成　字國□　號田莊　配關氏

義　字春綱　配彭氏

百里　字萬程　配彭氏

文祿　字道燦　號素川　配黃氏

建垣　字翰伯　號褱素　配吳氏

惟秉　見上

實　字國大　號秋闈　配關氏　謹按舊譜圖內作字國成原後傳復譌作誠皆誤據本墓誌更正又按國成疑爲田

文彬　字希文　號洞泉　配曾氏

東立　字茂貞　號雙橋　配鄧氏

東秀　字茂芳　配黃氏

東華　字茂彰　配張氏　繼李氏

文郁　出繼瓚　謹按

莊公字與英字國英正字國正一例但無確據未敢臆斷

瓚 字國璋 號秋澗 配張氏 立文郁繼

文郁 字希周 配曾氏

文郁爲秋圃公次子出繼秋澗公舊譜失考據秋圃墓誌訂正

東盛 字茂禮 號右泉 配張氏

東喬 字茂才 號北泉 配郭氏

妙平 見上

巘 字國信 配□氏

文明 字尚昭 配梁氏

倚 字惟恩 配黃氏

環 字美玉 號崑山 配周氏 繼左氏 居烏柏根

珍 字國寶 號淮庵

文靜 字尚安 配丁氏

文選

文經 字邦紀 號鵠沙 配盧氏

文際 字邦會 號西屏

佳 字惟可

韜 字懋光 號粤林 壽一百歲 配陳氏

彤 字懋德 號穗林 配曾氏 謹按舊譜作萃林誤據本墓碑更正

泗 字惟東 號見涯

配黃氏
謹按國寶公號淮庵據舊譜後傳增注

配□氏

配周氏

璧
字國器
號玩峯
配關氏

朝興
字邦祚
號旋瀾
配曾氏

朝宗
字邦裔
配關氏

朝璽
字邦憲
號平瀾
配黃氏

畧
字惟尚
號溪少
配劉氏

邑
殤

相
字惟任
配關氏

袞
字惟甫
號連溪
配周氏

珊
字國儒
號陳江
配鄧氏

朝琪
字邦瑚
號活泉
配鄧氏

朝佩
字邦錫
號聯村
配關氏

文□
字邦興
號雙泉
配區氏
繼李氏

朝敬
字邦原
號抱泉
配鄧氏

頊
字惟宊
號肖泉
配梁氏

冕
字惟瞻
號清涯
配丁氏
謹按舊譜作青崖誤據本墓碑更正

昱
字惟漢
號懷濱
配鄭氏

七世

應周 見上

八世

士林 字才廣 號居林 配陳氏

士彬 字才衍 配黄氏 謹按才衍公二子舊譜闕注或作承慶承宗承宗字蔭餘附著以俟考

九世

承祖 字荷之 號康吾 配梁氏

承□ 字善餘 配□氏

承□ 字□餘 配□氏

十世

啟榮 字茂清 配吴氏

啟□ 字茂贊 據原主補入

啟珍 字而聘 號元庵 配張氏

啟連 字而環 配陳氏

啟重 字而任 配吴氏

景量見上

士宏 字毅夫 號清泉 配潘氏

湛 字奇業 號泉清 配陳氏

翰 字奇璉 號敬灣 配關氏 立啟雲繼

俊 字麗甫 號泉所 配關氏

啟龍 字世盛 號從月 配梁氏

啟雲 出繼翰

啟雲 字昭明 號月湖 配關氏

色正 字非紫 號從義 配關氏

汝彥 字悅美 配陳氏 外出

汝爲 字悅宣 配鄧氏

士倫 字敘夫 號樂川 配張氏

夢陽 字奇昇 號斗南 配鄧氏

色連 字而昌 號明我 配曾氏

士登 字才舉 號巽軒 配梁氏

夢祥 字兆甫 號愛所 配張氏

色喜 字而欣 配關氏

夢禎 字奇甫 配關氏

崇正 字而燦 配譚氏

景寬 見上

士楚 字晉夫 號鑑池 配鄭氏

永顯 字耀忠 號恪元 庠生 配明氏

謹按恪元公庠生舊譜失考據

炳猷 字而韶 配吳氏

永頤
[illegible]紀增
字獻忠
配黃氏

士榮
字偉夫
號粤池
配關氏

永顯
字廊忠
號懷池
配陳氏

永才
字貴忠
配鍾氏
謹按
舊譜作
曾氏誤
據原主
更正

登華
字而高
號從天
配關氏

登鳳
字而祥
配梁氏

登雲
字而昇
配曾氏

登聯
字而顯
配關氏

景道見上

士堅 字君信 號西林 配胡氏

永順 字純忠 號秀林 配黃氏

尚恩 字侶常 配潘氏

尚明 字而清 配關氏

尚才 字而廣 配關氏

士養 字君齋 號北林 配何氏

永富 字應忠 配梁氏

帝日 字日清 配關氏

應朝見上

彥俸 字君養 號拔野 配黃氏

御點 字惠涌 號蒼吾 配關氏 繼廖氏

秀松 字暢乾 號坤臺 配黎氏

秀槐 字暢庭 配劉氏

聖點 字惠源 配關氏

後昌 字光前 當兵往

秀梅 字暢偉 號華岳 配岑氏 繼關氏

秀榕 字暢宇 號華臺 配黎氏

秀葵 字暢日 配曾氏

秀蘭 字暢廉 配鄧氏

應宣見上

彥俊
字才楚
號奇山
配曾氏
繼李氏

孔享
字太涵
號浩源
配曾氏

汝保
字悅守
號心華
配關氏

汝啟
字悅傳
號心源
配曾氏
繼易氏

福建

冠點
字惠滄
號開塵
配梁氏

秀潦
字而逌
號直軒
配關氏

秀琚
字而琯
配吳氏
繼梁氏

秀珩
字而寶
配劉氏

彥佳 字才表 號仰湖 配周氏

孔彰 字淑涵 號蘭宇 配潘氏 繼劉氏

孔著 字瑞涵 號卓源 配鍾氏

孔傑 字愈涵 號溢源 配胡氏

永誥 字衍綬 配潘氏

芳諒 字衍善 號保源 配曾氏

芳謀 字衍日 號保泰 配黃氏

芳讚 字衍相 配關氏

芳謨 字衍玉 配黎氏

應陽見上

彦播 字才經 號濟宇 配黃氏

彦珪 字才異 號蔡山 配關氏 立夢貴

孔盛 字充涵 號泗源 配□氏

友高 字信涵 號揆宇 充瀧水軍籍 配張氏

夢貴 字富涵 配黃氏

芳詳 字衍明 號清源 配關氏

芳詒 字衍卓 配陳氏

汝寧 字一元 配歐氏 居西寧

汝龍 字一貞

秀華 字松麗 配歐氏

繼

應純 見上

建隆 見上

彥炯 字才桀 號崙山 配黃氏

彥科 字君舉 號文台 配張氏

大巽 字存宏 號右畦 配明氏

夢貴 出繼彥珪

夢超 字卓涵 配關氏

孔滄 字德政 配關氏

孔源 字德配 配□氏

謹按 德配公有子孟輝舊譜失考據貞菴公

秀瑯 字松生 配曾氏

賢初 字而守 配陳氏

賢昌 出繼華□

孟輝

大彰 字以奏 號天台 配岑氏

孔清 字德耀 配關氏 墓碑補入

孔江 字承派 號清濤 配關氏

孔演 字承一 配關氏

孔濬 字承祥 號奇祥 配曾氏

孔志 字承矩 號海珍 配關氏

孟啟 字肇開 配關氏

起振 字善孳 配關氏

連振 字玉郎 配余氏

應權見上

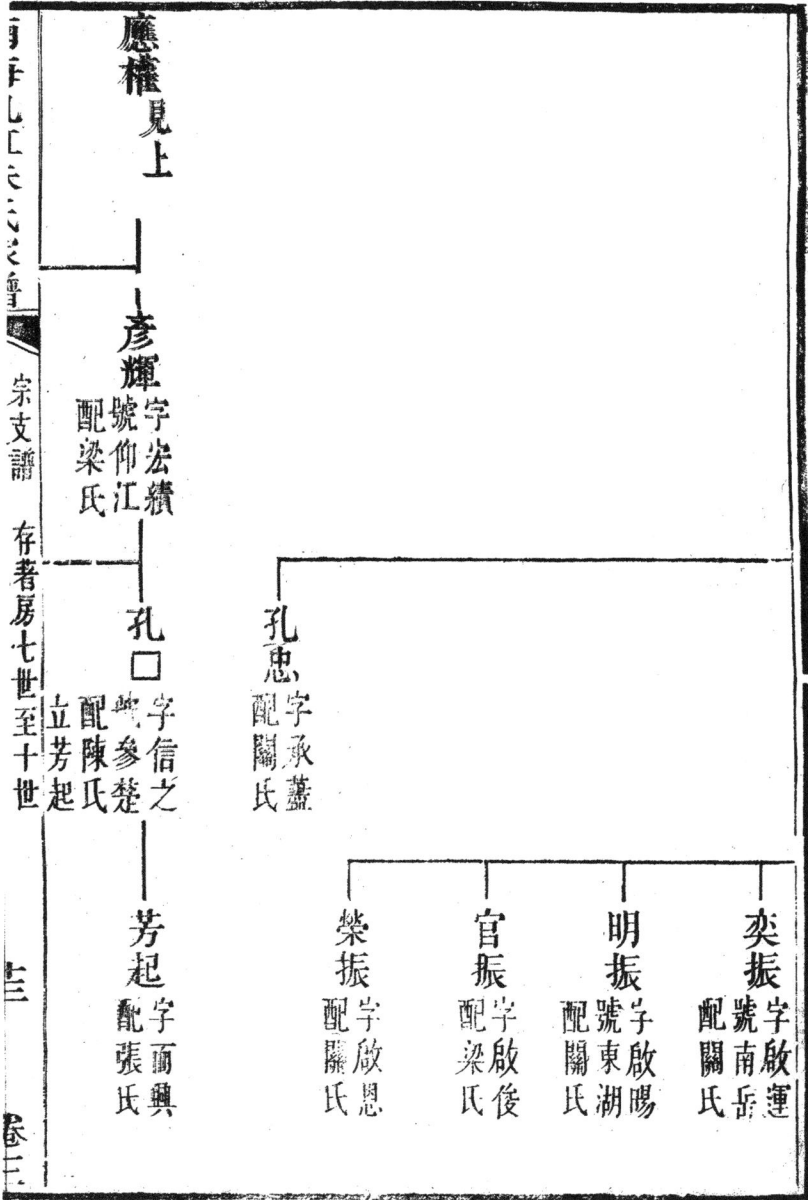

彥輝字宏績 號仲江 配梁氏

孔口字信之 號參楚 配陳氏 立芳起

孔忠字承藎 配關氏

芳起字爾興 配張氏

奕振字啟運 號南岳 配關氏

明振字啟暘 號東湖 配關氏

官振字啟俊 配梁氏

榮振字啟恩 配關氏

繼

永俊
字惟積
號念畦
配梁氏
居石塘
口

孔定
字一之
配黃氏

孔榮
字恩之
號繼先
配關氏

孔□
字榮之
號參吾
配陳氏

芳起
出繼孔
□

芳瑤
字而佩
號荊玉
配關氏

芳譽
字而實
號美若
配關氏
繼張氏

芳□
字鳳林
配□氏
外出連
州

芳元
字岳林
號石塘
配關氏

應章　見上

彥猷　字廷諫　號東葵　配岑氏

彥材　字士朗　配劉氏

孔懷　字連之　號華所　配馮氏　繼區氏

岐瑞　字鳳群　號蘭泉　配梁氏

岐脩　字善群　配曾氏

芳琚　字爾貞　配曾氏　繼梁氏

芳玫　字爾璧　配關氏　繼陳氏

王龍　字爾輔　號三階　配關氏　繼曾氏

王愳　字爾㩦　號壽吾　配曾氏

王昏　字爾康　配曾氏

建中 見上

大仕 字宏通號湛源庠生配關氏謹按湛源公庠生舊譜失考據鄉志世紀及本墓誌增注

光瑜 原名華瑚字湯璧號海望歲貢配岑氏謹按湯璧公原名華瑚號海望據世紀增注

光璉 原名華璉字禹璧號粵珍庠生

官銘 字去霞號嶼霞推官配關氏謹按嶼霞公推官據世紀及湛源公墓誌增注

官鏡 字去蒙號非臺配關氏

官泰 字養恬號象山庠生配曾氏

配關氏
謹按粵珍公原名華璉據世紀增注

之屏　字宏憲
號法子

華祖　字程武
號起子

官位　字養白
配黃氏

官殿　字養度
配岑氏

官顯　字養闓
號厚彰
配嚴氏
謹按舊譜作號綱源誤據本墓誌更正

配曾氏

謹按舊譜作宏猷誤據本墓誌更正

華祝又名華福字程堯號西嶽配岑氏

謹按西嶽公又名華福據雁屏公墓誌增注

配岑氏

華禎字程文號鍾岐

配關氏

庶何氏

兆龍字田生

配關氏

兆熊字篤俊

配關氏

兆桂字斌客

配關氏

大鵬 原名華祥字程萬號九青庠生配關氏

謹按九青公原名華祥據雁屏公墓誌增注

允嵩 字中生配關氏

允遠 字永生配關氏

允崙 字君生

建業 見上

之翰 字肖羽號延翼庠生配黃氏

華□ 字侯玉配關氏立賢昌繼

賢昌 字庚熾配何氏

建岳 見上立廣任繼

廣任 字君遠號耀台配陳氏

尚禮 字子會號環谷配岑氏

國琦 字廷琮配吳氏

建期見上

廣俊 字君秀 號清源 配郭氏

廣任 出繼建岳

廣仁 字君元 號鼎南 配關氏

尚義 字子和 號非同 配陳氏

麟景 字子驥 配李氏 庶李氏

尚結 字子觀 配何氏

國玹 字廷瑞 配關氏

國璘 字廷珍 配黃氏

國璋 字廷玫 配關氏

祖恩

百里見上

聞一 字克禮 號青山

明 字本聰 配關氏

配譚氏

- 東立 見上
  - 士俊 字君寵 配關氏
    - 裔聖 字國汝 配張氏
      - 叢連 字建周 配曾氏
  - 士鳳 字君用 號西郊 配陳氏
    - 裔權 字爵汝 號念郊 配張氏
      - 連珍 字建章 號素直 配曾氏
      - 啟隆 字堯章 號存直 配區氏
- 東秀 見上
  - 士衢 字君明 號連莊 配區氏
    - 裔名 字初榮 配潘氏
    - 裔蘭 字初聯 配張氏
      - 連科 字秀章 配口氏 外出新興高地

- 士鵬 字君□ 充羅定軍籍
- 東華 見上
  - 士聲 字君揚 配黃氏
    - 裔英 字榮汝 配簡氏
- 東盛 見上
  - 士建 字公衍 號派緒 庠生配吳氏
    - 裔傑 字秀汝 號華芝 庠生配鄭氏
      - 維翰 字而輝 配陳氏
    - 裔智 字明汝 號省一 配岑氏
      - 維慈 字而則 配李氏
  - 士參 字公偉 號一吾
    - 裔霄 字聲汝 號起陽

配關氏

配張氏

東喬見上

士遇 字公臣 號艮吾 庠生 配岑氏

謹按艮吾公庠生舊譜失考據世紀增注

士湛 字公純 號廣涯 配關氏

喬騰 字成汝 號美芝 配盧氏

喬岳 字鎮汝 號接梅 配李氏

喬龍 字光汝 號起林 配胡氏

喬榮 字華汝 號接林 配李氏

維政 字而亭 配曾氏

維屏 字伯垣 配李氏

維侯 字伯周 配黃氏

維琦 字仲卿 配曾氏

韜

見上

維相
字季卿
配左氏

維盛
外出大
張沙

士洪
字君範
號九疇
配譚氏

□□
字庵言
配□氏
謹按
庵言或
作暗然
配鄭氏
附著於
此

士涫
字功化
號厚齋
配關氏

士沂
字功志
號心吾

睿聖
字明時
號乘六

逢貴
字茹重
號司甫

配明氏

配張氏
立逢貴
繼

配黃氏

士泮
字功俊
號直吾
配關氏

日亨
字明起
號覺岸
配岑氏
繼張氏

日益
字明昌
號海岳
配黎氏
繼陳氏

逢春
字茹生
配陳氏

逢貴
出繼睿
聖

逢年
字茹登
配關氏
繼黃氏

逢熙
字茹泰
號淡寧
配黃氏

逢清
字茹乾
配黃氏

南海九江朱氏家譜 卷三

彤 見上

士演 字繹緒 號赤完 配嚴氏 謹按舊譜作字赤完誤據本墓誌更正

日□ 字□□ 號東获 配關氏

逢麟 字茹振 配張氏

養恕 字佐良 號廷柱 配盧氏

應蘭 字斯馨 配關氏

養忠 字貞良 號六洲 配曾氏 謹按舊譜養恕作養懷養忠作養恒誤據赤完公墓誌更正

應會 字元生 配張氏

養憲 字法良 配關氏

應松 字斯喬 號蒼霞

配曾氏

養惠 字迪艮 配盧氏

應柏 字斯貞

應夢 字斯華 配關氏

泗

貝上

從善 字功贊 號育吾 配關氏

裔熾 字完充 號慕吾 配周氏

貴禎 字文國 號太貞 配曾氏

貴祥 字文學 配黃氏

裔輝 字秀芝 號裔松 配李氏

貴龍 字文高 配岑氏

裔燿 字松芝 號晏松

貴豪 字文傑 配關氏

配曾氏

貴顯
字文耀
配梁氏
繼何氏

貴鳳
字文儀
配譚氏
繼黃氏

署
見上

士英
字才偉
號玉亭
配張氏

士莊
字才儼
號敬台
配關氏

仁
字純充
號粹吾
配黃氏

連昌
字景順
號拱恩
配關氏

連明
字景照
號拱日
配曾氏

相　見上

- 士蘭　字才益　號秀谷　配劉氏
  - 聖　字賢充　號直源　配黃氏
    - 連貴　字景隆　號慕源　配曾氏
- 士美　字才拔　號佐吾　配關氏
  - 日成　字華充　號節吾　配梁氏　庶曾氏
    - 樸庵　以號行　原名祖允　字景熾　貤贈教諭　配黃氏　貤贈孺人
  - 日進　字慎充　號懷吾　配關氏
    - 祖綬　字景倩　號雲初　配關氏
  - 日輝　字榮充　號輝吾　配陳氏
    - 祖要　字景籌　號念吾　配關氏

袞　見上

- 士藝　字才博　號秀波
  - 日昭　字明充　配關氏
    - 祖臣　字景忠　號厚所

配關氏

日光 字朗充 配黃氏
配黃氏 繼吳氏

頊 見上

士麟 字才振 號振吾 配關氏

日曜 字美充 號起波 配鄧氏 庶關氏

逢驥 字龍襄 配張氏

逢駿 字仲襄 配曾氏

冕 見上

士旦 字榮緒 號華野 配關氏

永豪 字延英 號鍾犖 配陳氏

士聰 字聖緒 號覺廷 配黃氏 繼梅氏

永達 字延望 配黃氏

成輝 字而光 號華吾 配胡氏

永通 字延參 號鍾樂

成文 字而昭 號明庵

配黃氏

配周氏

士炳 字旁緒 配關氏

永□ 字延寵 配關氏

成絅 字而章 號隱庵 配陳氏

永□ 字延鼎 配關氏

成泰 字而平 配黎氏

永□ 字延佩 配關氏

成信 字而眞 配周氏

士挺 字振緒 配關氏

永報 字答之 配陳氏

成立 字而建 配黃氏

昱 見上

士龍 字才昌 號接濱 配胡氏

永當 字任充 號荷吾 配關氏 庶簡氏

明德 字挺萬 配關氏

十世

十一世

十二世

永定 字恆充 號敬吾 配關氏 庶黃氏

永常 據懷濱公墓碑補入

十三世

亘德 字兆顏 號燕江 配梁氏

明光 字培萬 配李氏

十世

啟榮 見上

十一世

紹長 原名嗣孫 字燦章 號湖忠 配關氏 繼關氏

十二世

正元

著元 字廷昭 配關氏

十三世

貴元 字麗華 號念池 配黎氏

潤彩 字佐文 號光洪 配關氏 繼盧氏

潤珠

細彩 字業文

志彩 字偉文 號光亭 配陳氏 繼曾氏

聯元 字仁昭 號敬軒 配曾氏 繼曾氏

耀彩 字廣文 號光宇 配張氏

皆彩 字英文 配關氏

君彩 字燦文 號光宙 配關氏

阿彩 字挺文

啟珍 見上

富長 字榮章 配關氏

秘元 外出

三元

啟運 見上

傑長 字俊章 配關氏

萬元

啟重 見上

豪長 字華英 配李氏

宗貴 字雲開 配黃氏

近官 外出

宗成 字玉開

啟龍 見上

宗孔 字純英 配曾氏

宗韶 字聯英 配明氏

啟雲 見上

宗孟 外出

宗賢 字達英 配關氏

料生 字騰巨 號念竹 配關氏 繼張氏

兆廣

宗顔 字彦英 號有存 配李氏

志尚 字騰長 配張氏

新貴

可嗣 出繼興義

汝爲 見上立 繹思房

潤聖 外出

潤聖繼

色連 見上

壯惠 字聚英 配曾氏 繼關氏

帝禎 字長宏 配黃氏

阿富

勝元 字瑞宏 配黎氏

金富 字麗榮 配黃氏

志元 字□宏 配曾氏

謹按舊譜帝禎字長宏或作志元字長宏恐誤據舊譜脩

壯賢 字國尊 配黃氏

進元 字昇偉 號海日 配關氏

源一 字振榮 號華軒 配關氏

源貴 字耀榮 配劉氏

七貴 字秋榮 配陳氏 繼黃氏

兆貴 字建榮 配黎氏

建元

廷元

崇正 見上

成偉 字端仁 號靳軒 配程氏

子恩

子榮

炳猷見上

宗聖字當陽
配張氏

宗閔字當仁
配關氏

聖大

子連

登華見上

春魁字芹英
號儉雄
配關氏

志昂字士禎
號傲霞
配張氏
繼曾氏
謹按
舊譜作
配黎氏
誤據原
主更正

斗連

聖連

貴連

登鳳見上

鼎魁字超英
配黃氏

公正字平長
配關氏

義正 字善長 配關氏

長寧 字國英 號盈峯 配關氏

紹祖 字宗仰 配關氏

文富 字德華 號樂山 配關氏

文福 字煥華 配陳氏

文壽 字炳華 配梅氏

登雲 見上

鼎隆 字興旋 配張氏

聖德 字帝望

登聯 見上

進脩 字自旋 配黃氏

□□ 字廷望 號敬峯

細孫 字潤華 號茂莊

配周氏

榮昌
字錦華
號繡莊
配袁氏

配關氏
外出羅
浮

連脩
字捷旋
配口氏

公憲

萬脩
字聖立
號殿庵
配曾氏
繼陳氏
何氏

璡
字宗祏
號湖源
配曾氏

辛潤
字玉堂
號玉常
配鄧氏

辛科
字紹堂
配關氏

口
字昌裕
號顧軒
配關氏

新貴

松貴
字偉林
配關氏

□ 字明裕 配何氏

福貴 字叶林

□ 字光裕 配關氏

培貴 字信堂 配潘氏

滔貴 字佐球 配胡氏

冉貴 字贊廷 號羨國 配黃氏

尚恩 見上

萬喜 字茂英 配劉氏

令華 字上長 配曾氏 繼李氏

尙明 見上

逢春 字連卿 配鄧氏 繼陳氏

今新 字士乾 配關氏

全登 字忠義 號信仁 配□氏

富登 字良義

壽登

逢謙 字朝英 配張氏

潤泉

阿姆

尙才 見上

壯雄 字成英 配黃氏

阿興

帝日 見上

三髻 外出高明

秀松 見上

奇熾 字君禮 配曾氏

萬聰

萬連

秀梅見上 — 泰生字君平 配關氏 — 旋喜字文慶 配關氏

秀榕見上 — 實生字昆玉 配曾氏 — 富璋字文友 配關氏
　　　　　　　　　　　　　 — 貴璋字文顯

秀葵見上 — 奇生字受餘 配潘氏 — 國維

秀漋見上 — 英鸞字受聯 配梁氏

秀琚見上 — 英鳳字羨高 配梁氏 — 成章字文廣 配關氏 — □□字明輝 配胡氏

- 秀珩見上
  - 阿苟 字廷高 配劉氏
    - 貴先
- 汝保見上
  - 之迪 字惠千 配關氏
    - 龍叔
    - 鳳叔 字鳴岐 配吳氏 繼馮氏
      - 可球 字朝璧 配關氏
      - 可閏
  - 之逢 字會千 號嘉林 配關氏
    - 豹叔 字南士 配張氏 繼曾氏
      - 從璉 字殷貴 配關氏
      - 從琚
- 汝啟見上
  - 之報 字介生 號耿庵 配彭氏 繼張氏 謹按 舊譜作玠生誤 據原主
    - 培叔 字澤滋 號沛峯 配陳氏
      - 可灼 字日中
      - 可貞
      - 可炫 字耀中 號麗坡 配馮氏

墓碑更正

國叔 字秩滋 號肖峯 配黃氏

陽叔 據耿庵公墓碑補入

明叔 字桐滋 號峻峯 配關氏

可煥 字慧光 號星齋 配梁氏

可燮

可炎 字□□ 配□氏

可昌 字燕章 號靜安 壽官 配黃氏

之運
字濟生
號靜庵
配曾氏

元叔
字乾滋
號江峯
例主簿
配鄭氏
庶黄氏

大昌
原名可焫字昶
霄號二樂監生
配關氏
庶黄氏

文叔
字儒公
號永風
配黄氏
繼鄧氏
張氏

可盛
字振輝
配周氏

炳元
字劍書
號龍泉
增生配
關氏庶
鄭氏

武叔
字燦公
配周氏

可成
字充庭
配曾氏

可聖

栢权

之道 字伯生 號玉田 配關氏

之遠 據心源公墓碑補入

之連 字唐生 配關氏

培卿 字廣植 配岑氏

元卿 字廣英

有貴 字賢基 配□氏 居沙嘴

芳諒 見上

德長 字道周 號達公 配李氏

象進 字燕明 配□氏

□□ 字應祥 配岑氏

芳謀 見上

芳謨 見上

潤長 字灌周

永長 字輔周 配陳氏

朝長 字郁周 配曾氏

社帶 字貫斯 配黃氏

社科 字憲斯

明昭 字亮卿 配廖氏

□□ 字廣祥 號順亭 配陳氏

□□ 字正祥 配□氏

□□ 字盛祥

祥元 字貴高 配周氏

祥發

帝成 外出三洲

芳詳見上

順長字惠周
配周氏

國昭字亮泰

麟長字惠生
配關氏

貴賢

芳詒見上

振長字逵昇
配陳氏

琳長字耀昇

秀華見上

連長字明佐
配馮氏

帝卿字宣廷
配關氏

□□字敉一
配□氏

□□字會一

秀瑯 見上

芝貴 字文佐 配張氏

帝相

□□ 字海一 配□氏

廷彩 字德明 配關氏

章傑 字□□ 配□氏 遷居順德龍山

廷璋 字勝遷 配陳氏

廷元 字大遷 配陳氏

廷璋 字玟九 配劉氏

廷仕 字居九 配左氏

賢初見上

貴連 字敬聯 配易氏

聚昌 字明先 配曾氏

□□ 字德章

社連 字秀聯 配張氏

上昌 字□□ 配□氏

□□ 字恒章 配□氏

潤連 字澤聯 配黄氏

鳳昌 字□□ 配□氏

聖科

壬科

孟啟見上

之貴 字艮士 號直軒 配曾氏

公順 字朝顯 配梁氏

燦南 字耀章 號衡岳 配曾氏

燦北 字聖章 配關氏

公柱 字廷顯 配□氏

燦中

燦儒 字海滔 配張氏

燦高

公五 字奇顯 號雲峯 配關氏 繼關氏 關氏

賢 原名燦德 字昭百 號睿圃 監生 配曾氏

貴德 字仁百 號愛軒 配關氏

啟德 字懷百 號曰愛 配鄧氏 繼關氏 盧氏 庶陳氏

起振 見上

之幹 字植周 配關氏

公璧 字信侯 配鄧氏

文鳳

文可

公猷 字宣侯 配曾氏

之翼 字鵬周 號東溟 配曾氏 繼陳氏

公俊 字宅侯 配關氏

官槐

公紹 字仲腴 配關氏

公貴

公上

連振 見上立夢蘭繼

夢蘭

奕振 見上

夢蘭 出繼連振

夢秀 字瑞隆 配關氏

春貴

二貴 字輝盛 配□氏

榮貴 字華顯 配鄭氏 繼關氏

舜大

迪來

潤長 字滙章 配曾氏 庶劉氏 劉氏

明振見上

夢桂 字德隆 配關氏

官振見上

夢斌 字聖隆 配關氏

榮振見上

夢燦

芳起見上

逢昌 字元吉 號藹然 配關氏

帝祚 字錫拔

芳瑤見上

逢登 字元科

逢連 字元超 號慤軒 配周氏

帝祐 字朝拔 配劉氏

尙陽

逢祥 字元昇 配關氏

逢瑞 字元聖 號神庵 配關氏

世臣

逢允 字元祿 配鄭氏

義臣

芳譽見上

逢茂 字秀夫 號翹若 配關氏

帝賢 字作拔 配關氏

尙中

芳元見上

庠序
字元學
號念倫
壽一百
歲配陳
氏謹
按念倫
公壽一
百歲據
縣志及
本墓碑
增注

帝德
字掄拔
配鄭氏

士長
字朝望
配馮氏

士高
字遠拔
號萃庵
配梁氏
庶何氏

尚仁

尚義

尚昌
字拜謙
監生配
曾氏旌
節

尚嵩
字仰謙
號朝軒
配明氏
繼關氏
庶關氏

尚郁
字遜謙
配盧氏

- 庠英 字偉學 號北岸 配胡氏
  - 士承 字卓拔 號南山 配陳氏
    - 尚珍 字維謙 號益軒 配陳氏
    - 尚達 字鳴謙 配黃氏
  - 士賢
    - 尚鴻 字朋謙 配關氏
    - 尚鳴 字岐謙 號文瑞 配李氏
    - 尚鳳 字應謙 號朝瑞 配張氏 庶羅氏

庠傑 字俊學 配馮氏

士逢 字顯拔 號月灣 配曾氏

士雄 字儒拔 號慶莊 配關氏

士貴 字中華 配梁氏

尚忠 字惠謙 號信軒 配曾氏

尚志 字秀謙 號益全 配明氏

尚宏 字和謙 號懋德 配關氏

尚廣 字榮謙 號博軒 配關氏

尚東 字疇謙 號福軒 配張氏

芳琰見上

庠瑞 字兆文 號東池 配馮氏

士驥 字伶拔 號德莊 配盧氏

尙榮 字緡謙 號融軒 配鄧氏

王龍見上

壯分 字玉君 配陳氏

逢喜 字仕最 號逸壺 配周氏

社穩 字禮上 配關氏

社科 字簡賢 配岑氏

壯謨 字信君 配曾氏

聖喜 字倫佳 配關氏 繼周氏

隆盛 字緯廷

庸盛 字緯中 配曾氏

敬喜 字端佳 配陳氏

元盛 字靄中 配□氏

王恩 見上

壯謀 字憲嘉 配黃氏

壯立 字卓君 配鄧氏

壯誠 字美君 號芝盛 配關氏 繼吳氏

德喜 字明佳 配黃氏

廣盛 字業昌

從喜 字士榮 配陳氏

三先

將喜 字士佳 配黃氏

官龍

正喜 字士奇 配關氏

帝保

帝眷

帝祿

滕喜 字士超 配關氏

帝旺 字東海 配曾氏

帝義 字宜海 配曾氏

帝智 字濬海 號鏡泓 配岑氏

壯喬 字朝君 配關氏

帝喜 字俊佳 配李氏

挺喜 字庸佳 配鄧氏

阿仔

王昏 見上

壯師 字參君 配吳氏

尚喜 字士高 配關氏

祖快

官銘 見上

藍英 字千人 號俊庵 配關氏 繼鄭氏

漢歲 字東侯 配關氏 繼譚氏

聰裔 字始榮 配□氏 外出

漢煥 字章侯 配潘氏 繼盧氏 立連元繼

連元 字冠三 配關氏 庶李氏 周氏

官鏡 見上

藍芝 字眉公 號眉山 配關氏

漢奕 字喬羽 配關氏

應掄

應擢 字覲光 號龍廷 配關氏 繼何氏

應拔 字德光 配譚氏 繼曾氏

藍芳 字秀公 號蘭谷 配關氏

元富

官泰 見上

藍瑋 字栽伯 配黃氏

藍璋 字栽士 配關氏

定佳 字斐聖 配陳氏 立帝享繼

定友 字聚聖 配□氏 繼

帝享 字承天 配馮氏

帝享 出繼定佳

帝壽

孔基 字崇聖

官位 見上

藍瑞 字培垣 配關氏

位興 字作豪 號沛雲 配曾氏 繼吳氏

成裕 字敬宗 配區氏

官顯 見上

藍璞 字玟君 號玖盛 配關氏

藍琮 字瑨君 號九昌 配潘氏

言興 字端豪 號會益 配陳氏 繼梁氏

定志 字希聖 號學天 配關氏 繼張氏

定維 字凝泗 號逸泉 配關氏 繼陳氏

連裕 字敬本 配麥氏

連元 出繼漢煥

壯裕 字健和 號象乾 配陳氏

炳裕 字輝和 配曾氏

泰裕 字萬和 配吳氏

兆熊 見上

兆桂 見上

毓聖 字廣興 配關氏

毓蘭 字茂興 配曾氏

毓樓 字廣漢 配關氏

定結 字超酒 配關氏 立卓裕

廷熾 繼又名荀 妹字燦朝 配關氏 立光宗繼

廷表 字式朝 號御聖 配嚴氏

金寶 字著輝

金隆

卓裕 出繼定結

卓裕 字挺和 號嘉融 配關氏

光宗 字德元 號朗軒 配關氏

光宗 出繼廷熾

光國

允嵩 見上

允遠 見上

毓賢 字廣仁 配關氏

毓節

阿苟 字廣盛 配□氏 外出石灣

毓德 字廣賢 配□氏

金頊 字錦朝

金科 字貴朝

新孫 居石灣

阿孫 字浩朝

閏孫 字惠朝

阿六 字宗幹

毓旺 字廣連 配鄧氏

社帶 字眷林 配鄭氏

賢昌 見上

錫祚 字元永 配關氏

新四 字太昇 配林氏 外出廣西南寧

閏長

阿連

阿元 閏長阿連阿元並居廣西南寧

國璘 見上

帝元 字燕長 號海月 配劉氏

逢泰 字成顯 號純軒 配丁氏

□□ 字國章 配黃氏

□□ 字璧章 配陳氏

□□ 字符章 配李氏

國璋 見上

公連 字爵五 配關氏

新大

朝連 字登五 配關氏

叢連 見上

聚盛 字熾郎 配吳氏

崇志 字敦客 號厚庵 配黎氏

應會 字殿元 配黃氏

應佐

應臣

應秋 字明元 號朗齋 配關氏

應連 字澄元 配關氏

連珍見上

聚琦字璧郎 配張氏

聚瑜字耀郎 號世外 配張氏

良志字彬客 配關氏

敏志

時志

信志

允仁字愛端 配陳氏 庶梁氏 繼立應科

允義字敬端 配曾氏

應科字□□ 配□氏

應科出繼允仁

應元字殿舉 配張氏

啟隆 見上

配吳氏

聚球 字京郎 配關氏

聚瓊 字玖郎 號仰直 配曾氏

允立 字卓端 配曾氏

允禮 字文端 外出陽山

允孝 字君端 配關氏

允綱 字振端 配關氏

應春 字□□ 配□氏

應庚 字西興 號樂南 配鄧氏

觀帶 字賜侯 配關氏

上帶 字兆侯 配岑氏

陳帶

聚琚 字帝郎 配曾氏

允□ 字□端 配□氏

□□ 字炳侯 配潘氏

□□ 字世侯 號緗亭 配曾氏

□□ 字奕侯 配關氏

聚琳 字金郎 配吳氏

允法 字舜端 配曾氏

允清 字潔端 配岑氏

允澤 字惠端 配周氏

朝帶 字燦輝 配陳氏

維慈見上

興義字耀君
配譚氏
繼陳氏
陳氏
繼郭氏
立可嗣

可嗣字承端
配關氏

公孫

阿三

維政見上

子璝字達君
配曾氏
繼

萬吉

子瓊字璞君
配張氏

萬言字式端
配關氏

萬信字實端
配吳氏

公保

維侯見上

有胡字耀贊
配劉氏

可接字見端
配黃氏

公佑

維琦見上

朝賓字廷君號元法配曾氏

可榮

可華

可貴

逢貴見上

瑞豹字炳祥配關氏

伸元字文始配關氏

保元字文佑配關氏

祖興

祖柱字宗賢配關氏

有秋字耀宮配岑氏

可遠字任端配陳氏

瑞驥
字發祥
號艮庵
配關氏

連元
字文彩
號霞敷
配關氏

迪元
字文惠
號盛林
配陳氏

宏元
字文超
號北湖
配梁氏

周弟
字朝任

義弟
字普任
配關氏

怡弟
字維任
號岐山
配李氏

愷弟
字和任
號悅山
配關氏

科弟
字廣任
號樂山
配關氏

成弟
字一舉
號登就
配關氏
庶蘇氏

瑞英　字裕祥　配余氏

戊元　字文冠　配曾氏

富元　字文潤　配黄氏

觀弟　字贊舉　號育林　配曾氏

有弟　字賢舉　配關氏

會弟　字榮任　配關氏

耀弟　字輝任　號瑞波　配關氏

瑞騰 字千祥 配關氏

升元 字萬莊 配關氏
居弟 字孔耀 配廖氏 庶招氏

引元 字文福 配陳氏
有燦 字英耀 配關氏
有倫 字明耀 配李氏

燕元 字文孚 配關氏

質元 字萬征 配關氏

美元 字奇昌 配關氏
有進 字炳耀 配關氏

逢春 见上

瑞球 字玉祥 配關氏

瑞郊 字嘉祥 號善庵 配陳氏 繼關氏

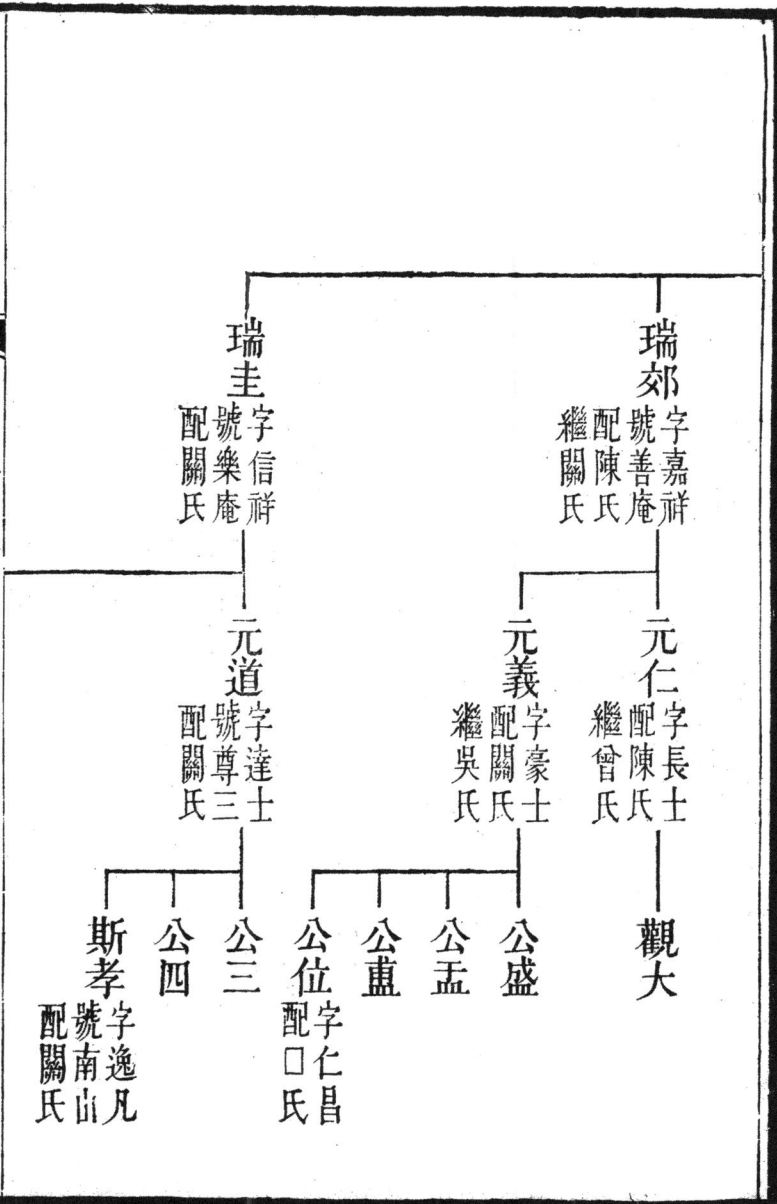

瑞圭 字信祥 號樂庵 配關氏

元仁 字長士 配陳氏 繼曾氏

元義 字豪士 配關氏 繼吳氏

元道 字達士 號尊三 配關氏

觀大

公盛

公孟

公晝

公位 字仁昌 配□氏

公三

公四

斯孝 字逸凡 號南山 配關氏

逢年 見上

瑞熊 字龍祥 配關氏

元禮 字文士 配關氏

公倫

公權 字碧高 配關氏

公上 字行高 配曾氏

元德 字天士 號乾叟 配馮氏 繼劉氏 岑氏

斯賢 字週凡 號南軒 配張氏 繼岑氏

斯忠 字超凡 號佐君 配關氏

斯祖 字進凡 號雲峯 配曾氏

瑞槐 字植祥 配陳氏
瑞璋 字德祥 號季莊 配馮氏
瑞雲 字慶祥 號慶吾

元樂 字悅士 配關氏
元法 字國士 配陳氏 繼關氏
元書 字正士 配黎氏
元存 字異士 配關氏

公爵 字堯宗 配關氏
公祿
公祉 字帝禧
公敘
公漢
公魁

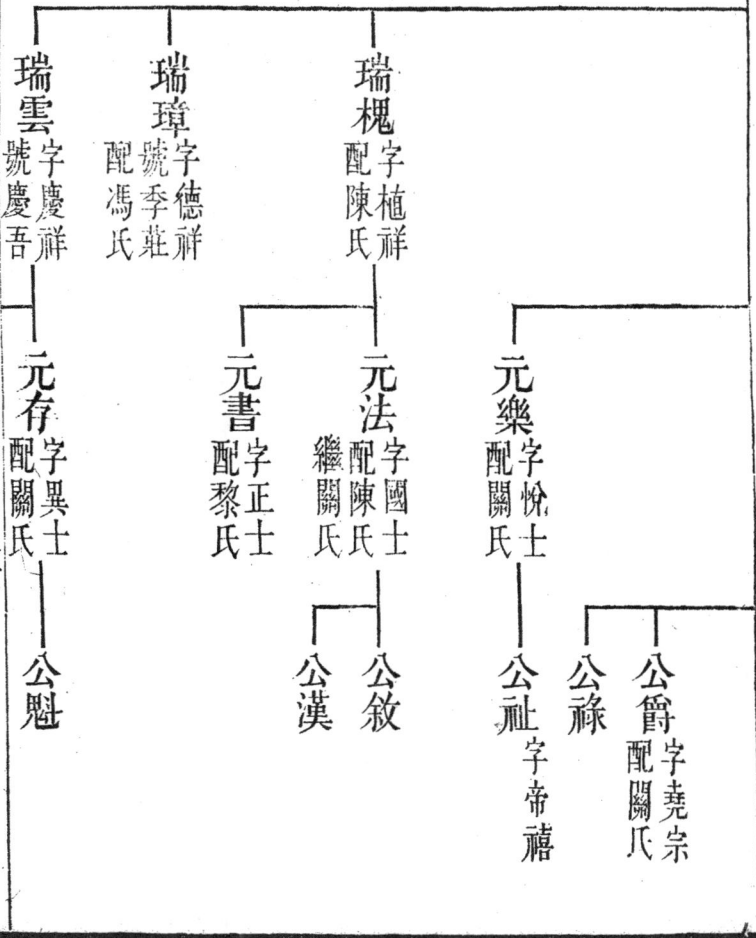

配關氏
繼陳氏

逢熙見上

瑞芝字秀韮號靈九配馮氏

元理字調士配關氏

公會

元鵬

元佳

元孝字賢士配關氏
謹按關氏或作陳氏附著於此

公長字朝孟配劉氏

燕長

茂長

秋長

元衍字蕃士配陳氏

元成字韶士配關氏

起鳳

逢麟見上

瑞鼇字滄柱配鄧氏

瑞琚字秀祥配關氏

元爵

元輔

瑞興字茂祥配黄氏

元軾

應會見上

瑞瓊字榮祥配曾氏

瑞文字偉祥配鄧氏

嚮燕字佑侯配關氏

應松見上

瑞瑋字殷祥配余氏

元祚字錫侯配黄氏

忠顯

南海九江朱氏家譜

瑞周 字兆祥 配黄氏 繼余氏

瑞孔 字志祥 號南軒 配陳氏

元允 字秩侯 配關氏

元通 字貫賢

元敏 字堯樂

元庚 字禹侯 號東洋 配黄氏 繼張氏 立連超 繼

元鼎 字拔成 號萃垣 配關氏

潤顯 字漢榮 配鄧氏

連超 字浩榮 號燕謀 配陳氏 繼關氏

尚舉 字世榮 配關氏

柏舉 字月榮 配關氏

應夢 見上

瑞陽 字曉祥 配馮氏

成羑 字美孚

成進

元柱 字德成 號北齡 配鍾氏

謹按舊譜作元實誤據原主更正

元帶 字岳成 號賓垣 配胡氏

連舉 字爵榮 配關氏

連超 出繼元庚

連章 字進榮 號湛泉 配關氏 繼張氏

連帝 字國榮 配郭氏

成斌

瑞潛 字傑祥 配黃氏

阿妹

瑞昌 字佑祥

瑞國 字君祥 配李氏

瑞明 字志光

貴禎 見上

起臣 字元相 號朝一 配岑氏

則榮 字仁宗 配張氏 繼李氏

公讓 字正謙 配關氏

公詒 字正謀 配劉氏

公許

起相 字元犄 配潘氏 有子居廣西

起仁 字元藹 配黎氏

則奇 字廷宗 配曾氏

起億 字元萬 號藍左 配劉氏 繼鄧氏

則和 字殿宗 配梁氏 繼何氏

新科

則純 字成宗 配關氏

貴龍 見上

起珊 字元珍 配梁氏

起璋 字元望 配李氏

起璘 字元志 配劉氏 繼陳氏

則友 字德宋 配劉氏

則恭 字遜宋

貴豪 見上

起騰 字元奕 配梁氏

則敬 字君宋 配陳氏

宗朝

宣朝

起瑞 字元錫 配黄氏

則明 字彤宋 配李氏 繼梁氏

佐朝 字弼廷 配梁氏

輔朝

國朝

則中 字誠宋

起瑜 字元璧

貴顯見上

起環字元珮
配梁氏

則昭字彰宷
配陳氏

登朝

則正字彬宷
配李氏

貴鳳見上

起瑚字元亮
配李氏

起瓊字元報
配劉氏

起璉字元聚
配李氏

則久字常宷

則徵字應宷

則悠字遠宷

連昌見上

上洪字宗聖
配關氏

貴起字仕文

連明 見上

基洪 字宗培 配黄氏

則慶 字武華 配陳氏

支成

阿張

仲洪 字宗志 配關氏

連貴 見上

有昌 字德顯 配關氏

進科

裕昌 字卓顯 配曾氏 繼關氏

三捷

應捷

朝捷

樸庵 見上

報昌 字元湧 號滿湖

仁興 字藹然 號儒齋

一成 字芳林 號樂園

配陳氏
謹按
或作號
漲潮附
著於此

德昌
字元漢
號渭湖
配張氏

世昌
字元匯
號鏡湖
貤封教
諭配曾

配關氏

佑興
字吉然
號綏齋
配陳氏

社興

長興
字煥然
號廷齋
配徐氏

配曾氏

蒲成
字菖林
號勝園
配李氏

森成
字秀林
號茂園
配關氏

氏𣁽封孺人庶梁氏

道南 原名佐興字接東號木齋舉人教授配黎氏繼吳氏庶鍾氏

貴興 字顯東號靖齋配張氏

夢松 字挺蒼配關氏繼羅氏庶陸氏

帝官 字寅亮配陳氏

林官 字恆亮號月墀配關氏繼關氏

夢蓮 字瑶階配關氏

夢槐

夢桂

祖綬 見上
世生 字元剛 配陳氏
仕鳳
閏生 字元澤 配關氏
阿二

祖要 見上
桂昌 字元瀾 號秩湖 配關氏
瑤光 字燦廷 配關氏

祖臣 見上
官成 字斌廣 配彭氏
韙 字燦雲
捷龍 字朝廣 配岑氏

逢驥 見上
義允 字錫顯 配周氏
閏三

成輝見上

有孚字維心
配黄氏

元客字念居
配黄氏

元興

閏五

有隆字維志
號東甫
配陳氏
繼陳氏

元金字麗生
號平林
配張氏

連進字奇登
號南山
配劉氏

連科字偉登
號玉山
配張氏

元顯字富生
配陳氏

有鳳字維明
號南興
配黄氏

元受字進生
配陳氏

有萃 字維昇 配關氏
有觀 字維仰 號二樂 配吳氏

結元
實元

元憲 又名祖元 字文生 號岐齋 壽官 配關氏 繼陳氏
元亮 字明海 配黃氏

祉科 字卓登 號寅軒 配關氏
乾科 字健登 號俊軒 配李氏 繼胡氏 庶易氏
帝科 字堯登 號宜軒 配曾氏 繼郭氏
世科 字燦登 號信軒

配鄧氏

元榮 字顯生 號碧軒 配黃氏

社克 字廣登 號勉亭 配周氏 繼李氏

社祐 字裕登 號逸亭 配關氏

成文 見上

國院 字廷林 配關氏

成泰 見上

有慶 字維積 配曾氏

從起

成立 見上

國篪

天篪 外出東安

明德 見上

天富 字聲文 配關氏

錫祥 字履旋 配黄氏

□□ 字彝先 配關氏

□□ 字業先 配曾氏

天祐 字聲元 配袁氏

□□ 字瑞芝 配梁氏

明光 見上

天壽 字邦鎮 配李氏

天喜

天福 字邦球 配關氏

官長 字裕隆 配關氏 繼立大妹

大妹 字挺林 配李氏

官帶 字尚雄 配馮氏

大妹 出繼官長

二妹 字榮昭 配關氏

天成
字邦憲
配胡氏

德興
字位隆
配黄氏

官偉
字聚隆
配張氏

新貴
字拜廷
配曾氏

子貴
字相廷
配關氏

興貴
字滿佳

蜑家
字寶佳
配吳氏
庶陳氏

巨勝
字信昭
配何氏

亘德見上

廷長字始臣
配關氏

超長字拔元
號植賢
配關氏

逢喜字庶康
號安寧
配曾氏

聚喜字艮康
配關氏

宜得

就得字應倫
號儀安
配曾氏

有興字接隆
配關氏

金興字健隆
配黃氏

松貴字冠廷
配程氏

連貴字敬廷
配關氏

求貴

瓊貴字偉廷
配關氏

桂長

林長
字禮臣
配周氏
繼羅氏

世譽
字卓餘
號雲天
配關氏

萬勝

全勝
字洪志
配關氏

進喜
出繼道長

道長
字達元
配劉氏
立進喜
繼

進喜
字欣餘
號樂天
配何氏
繼關氏

海滔
字茂倫
號桃峯
配陳氏

滿滔
字盛倫
號燕山
配黎氏

十三世

潤彩
見上

十四世

金安
字瑞明
配關氏

玉金

十五世

保成
字定光
配李氏

十六世

志彩見上

聖祥

富祥 字信明 配潘氏

慶祥 字相明 配關氏

戊祥

耀彩見上

永祥 字和明 配張氏

吉 出繼君彩

皆彩見上

汝祥 字俊明 配關氏

君彩見上立吉繼

吉 原名兆祥字敔

其壽

明七品頂戴配關氏

金富見上

閏科字拔賢配關氏

成大殤

元科字國賢配李氏

連科字興賢配曾氏

登科字輝賢配潘氏繼李氏

源見上

應科字協興配□氏

廣大殤

- 辛科 字斌興 號隆庵 配黃氏
  - 士長 字成太
  - 士顯 字遠太
  - 士許 字寀太
  - 士才 字能太
  - 士章 字儒太 配呂氏 繼張氏
    - 桃芝
    - 慶芝
  - 細章 字聯太 配關氏
    - 炎芝
    - 獻芝
    - 賜芝 殤
  - 日章 殤

源貴 見上

有科 字朝興 配陳氏

秋科 字懷興

恩科 字擇賢 配關氏

壬科 字遇賢 配劉氏

士池 字純太 配關氏

士昆 字亮太 配關氏

士權

士凌 字昌太 配關氏

德芝 字匯階 配關氏

聘芝

盛芝

曉芝

維芝

熾芝

杏芝

尙芝

桐芝

球芝

帶芝

七貴 見上

茂科 字華興 配郭氏

士維 殤

丙科 字岐興 配張氏 守節

士良 殤

庚科 殤

東科 字璇興 配黄氏 繼陳氏

倫敘 字暢堯 配蘇氏

湛芝

緝科 殤

兆貴見上

金科字實興

春科字作興號如蘭配關氏

士和字顯泰配關氏

士柏字松泰

培芝字裕階配關氏

忠芝

益芝

文富見上

賢昌字儒珍號璧軒配關氏

始業字發岐號純清配關氏

世業字政岐號順忠配關氏

旺弟字毓芳號孝全配關氏

艮弟字茂岐號敬德配關氏守節

文福見上

汝昌字喬珍配郭氏繼張氏

細孫見上立成富繼

成富字緒朝配何氏

萬保

錫保

榮昌見上

成富出繼細孫

樹勳原名成貴字建朝九品配項戴配關氏繼黃氏庶陳氏

錕保字煥章配陳氏

鑑保

煇保

洪保

辛潤見上

仕英字雄芳配關氏立揚寶繼

揚寶字宜泰配關氏庶關氏

漣植

輔璽
原名仕成字焯朝號紱屏壽官
配關氏
繼黎氏

- **揚寶** 出繼仕英
- **揚善** 字仁泰
  配關氏
  庶關氏

仕有
字冠朝號寄跡
配吳氏
庶陳氏

- **揚安**
- **揚寧** 出繼仕賢

仕勝
字盛朝號奕跡
配歐氏

仕能
字禮朝
配關氏

- **揚樂**

辛科 見上
- 仕賢 字振朝 配關氏 守節撫徐氏立揚寧繼
  - 揚寧

培貴 見上
- 阿丁 殤

滔貴 見上
- 阿冲

全登 見上
- 二苟 字進興 配曾氏
  - 遇貴
- 四苟 字富興 配李氏
  - 萬福 字瑞祥 配梁氏 外出恩平
    - 汝發 字瓊貴 配吳氏 居恩平
    - 汝光 居恩平

□□ 字明輝 見上
- 鶴齡

從琸見上

有富

有量

有縈

有高

有才 字掄聖 號廉齋 監生配 黃氏繼 關氏

大江 字漢廣 號朝宗 武生聘 關氏配 陳氏繼 鄧氏旌 節立根 長繼

根長

有智 字毓聖 配關氏

文士 字道遠 配黃氏

汝球 字德輝 聘黃氏

汝書

可炫 見上

有虞 字裔聖

壬長 殤

華俊 字彥英 號碩軒 配曾氏

華佐 字舜英 配關氏

士偉 字敬遠 配關氏

植材

士茂 字盛遠 配曾氏

文建

文光 字忠遠 配關氏

基長

根長 出繼大江

豪長

可煥見上

華玉 字錦萬

華新 字榮萬 號守其 鄉飲賓 壽官 配鄒氏

士安 字平兼 號雲山 配陳氏

士寀 字泰兼 號雲石 配關氏 繼關氏

士寬 字洪兼 號廣山 配陳氏 繼關氏

乃瑚 殤

錫錞 字叶鈴 配黎氏 繼關氏

錫垣 殤

可炎見上

象蘭 字佩千

可昌見上

健蘭 字驥千 號北郁 配曾氏 繼馮氏 曾氏

似蘭 字秀千 號雅堂 配關氏

芳蘭 字明千 號鏡如

士濤 字渭東 號涇川 配關氏

士李 殤

佐蔭 殤

士柏

士松 字時遠 號日亭 配彭氏

士進 殤

嘉禮 殤

嘉義 殤

嘉智 殤

五妹 字純輝 號礪山 配陳氏 庶李氏

配潘氏

士元 字貞遠 配關氏 守節

士亨 殤

士利 殤

大昌 見上

璋 原名爾棻 字捧萬 號玉田 武生 配關氏 繼關氏

士宏 字承遠 號任軒 配黎氏

文炳 字廷輝 號爵佳 配范氏 繼黃氏

文蔚 字殿輝 號常佳 配關氏 庶關氏

文錦 殤

士毅 字肩遠 號忍軒 壽官 配關氏

文始 殤

文恩 字翰輝 號澤佳 配關氏

文驄 字錫輝 號永佳 配黎氏

士鼇 殤

士蒲 殤

士培 字蔭遠 號灌軒 配黎氏

士能 字賢遠 號易軒 配關氏

文坤 殤

士衡 字佐遠 號輔軒 配關氏 繼關氏

文德 字澤輝 配馮氏

文獻

爾鴻 字聯萬 號瑞田 配陳氏 繼黃氏 曾氏

士熙 殤

士澾 殤

士成 字聲遠 號振軒 聘陳氏 配劉氏

士顯 出繼爾經

文啟 殤

文運 殤

榮發 字耀輝 配岑氏

華發 殤

程萬 以字行原名爾綱又名爾鵬號南溟歲貢配關氏繼曾氏

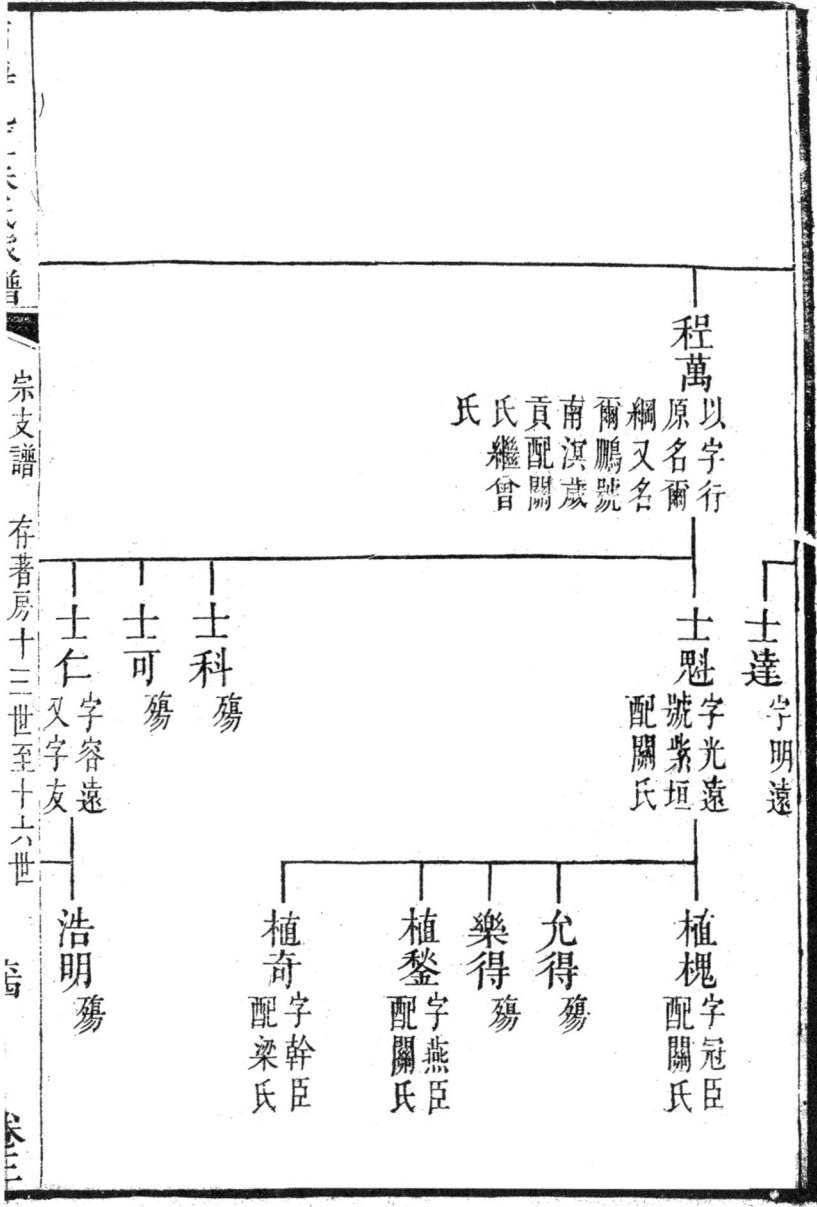

士達 字明遠

士魁 字光遠號紫垣配關氏

士科 殤

士可 殤

士仁 字容遠又字友

浩明 殤

植槐 字冠臣配關氏

允得 殤

樂得 殤

植鍪 字燕臣配關氏

植奇 字幹臣配梁氏

顏號懷谷配黃氏

植清字潔臣號梅脩配李氏

士良字濟遠號沛霖配曾氏庶張氏

植佳

植庭

植棠殤

五常殤

龍原名爾輯字飛萬號雲田武生配關氏繼曾氏

士釗殤

士鑑殤

士好字廣遠配鄧氏

植根殤

文郁殤

漩清殤

爾福

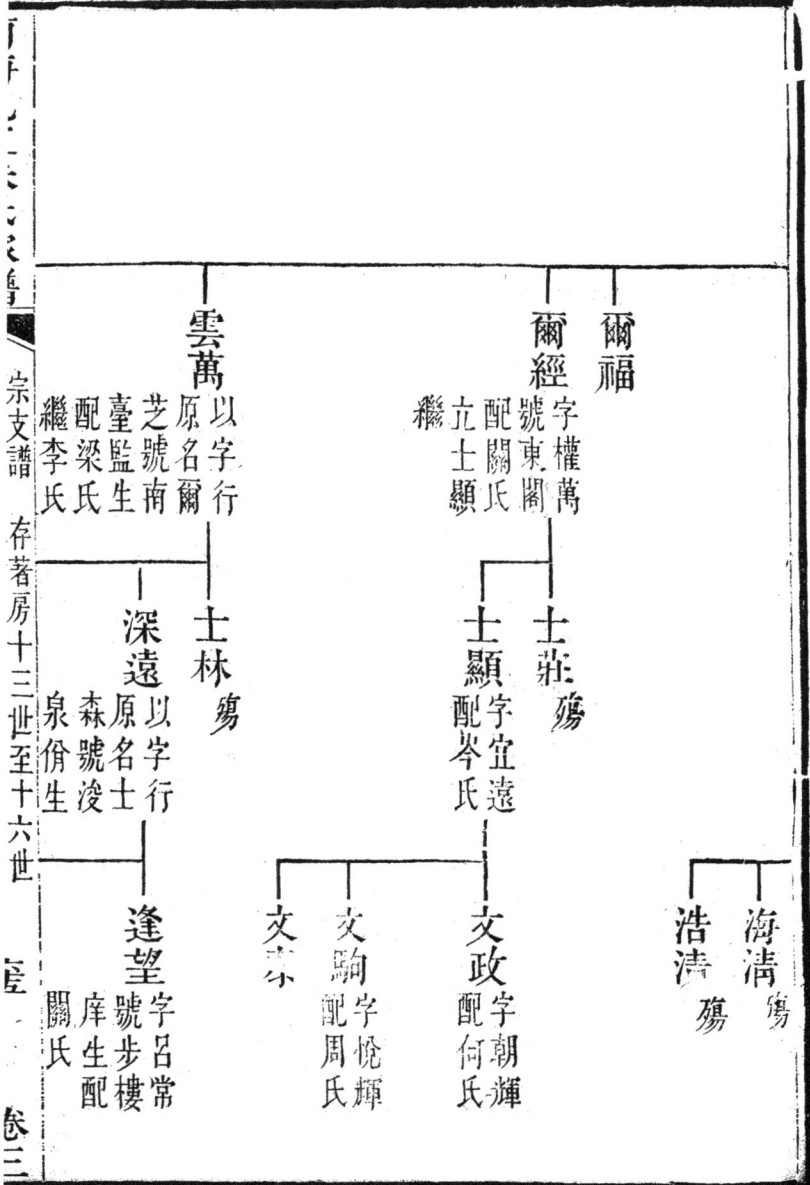

爾經 字權萬 號東閣 配關氏 亢士顥 繼

雲萬 以字行 原名爾 芝號南 臺監生 配梁氏 繼李氏

士莊 殤

士顥 字宜遠 配岑氏

士林 殤

深遠 以字行 原名士 森號浚 泉佾生

海清 殤

浩清 殤

文政 字朝輝 配何氏

文駒 字悅輝 配周氏

文宗

逢望 字呂常 號步樓 庠生配 關氏

南海九江朱氏家譜

可盛 見上

招珠 字貫萬 娉關氏

爾麟

爾蓮 字翹萬 號南莊 配黎氏

士祐 字正遠 配陳氏

逢鈞 殤

士祥 字其遠 配關氏

文卓 字振輝 娉曾氏 配容氏

湘遠 原名士端 字相遠 號善亭 監生 配周氏

逢吉 字允常 號彰甫 配關氏 庶陳氏

娉關氏 配關氏 繼程氏

逢适 字作常 號次樓 配岑氏

旌節

炳元見上

琳珠 字昌萬 號種玉 配關氏 繼黎氏

士眷 殤

堯勳 原名士謙 字端占 號辰階 舉人 配黎氏

士宜 殤

士巧 字意占

士勤 字敏占 配李氏

廷誥 字簡亘 號綸閣 配關氏

廷詔 字拔亘 配潘氏 庶左氏

廷詢 字序亘 配潘氏 繼何氏

廷謾

廷誦

璠珠 字儲萬 號潤甫 配關氏

士煊 外出鶴山

士卿

士藹 字維占 配曾氏

士怡 殤

可成 見上

璇珠

□□ 字應祥 見上

□□ 字富萬 配岑氏

寀長 字漢廷 配陳氏

燦光 殤

□□ 字廣祥 見上

九霄 字雲階 配關氏

協長 字茂邦 號喬蔭 配鄧氏 繼吳氏

麟光

□□ 字正祥 見上

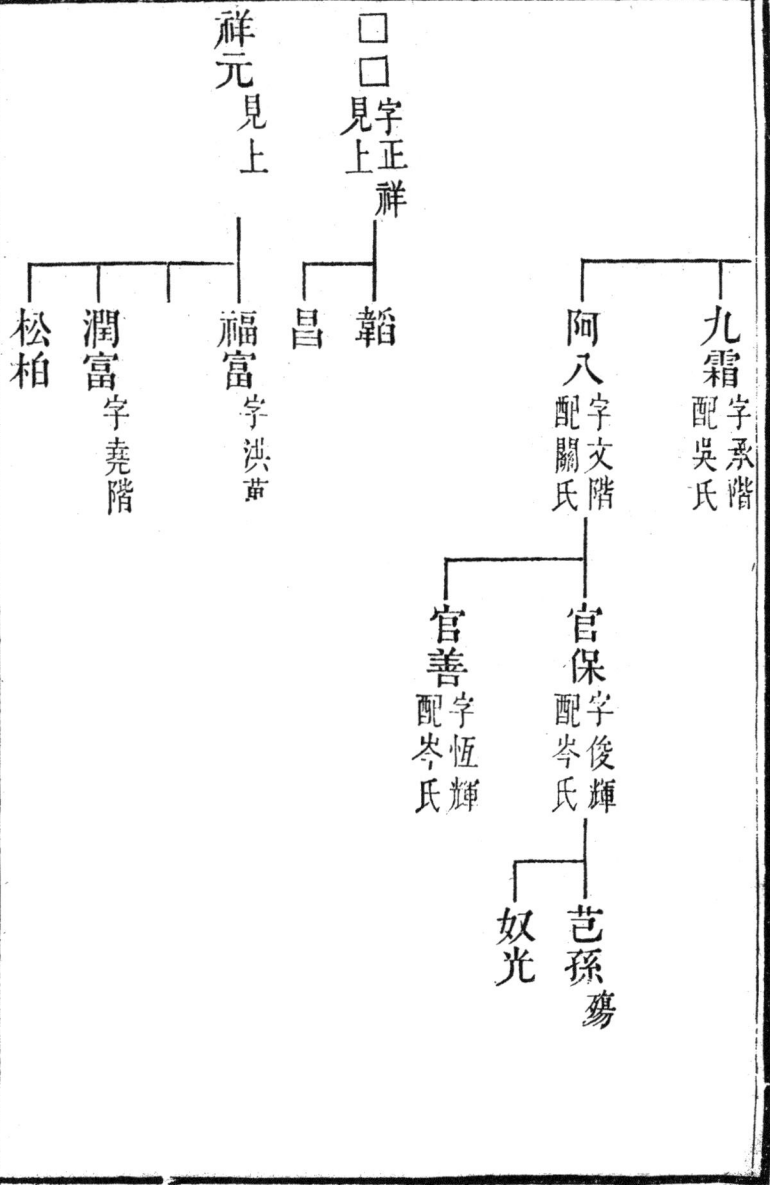

祥元 見上

九霜 字承階 配吳氏

阿八 字文階 配關氏

官保 字俊輝 配岑氏

官善 字恆輝 配岑氏

芑孫 殤

奴光

韜

昌

福富 字洪茧

潤富 字堯階

松柏

- □□ 字敬一 見上
  - 阿聚
  - 阿合 字佮萬
  - 細合
  - 阿仲
- □□ 字海一 見上
  - 阿霞
- 章傑 見上
  - 順居 字□□ 配□氏
    - □□ 字能經 配張氏
- □□ 字恆章 見上
  - 阿仕 字□□ 配□氏
    - 意
    - 莊 字漢榮 配□氏
      - 靈心
      - 富心
- 燦南 見上
  - 科學 字相乾 配曾氏

燦儒 見上

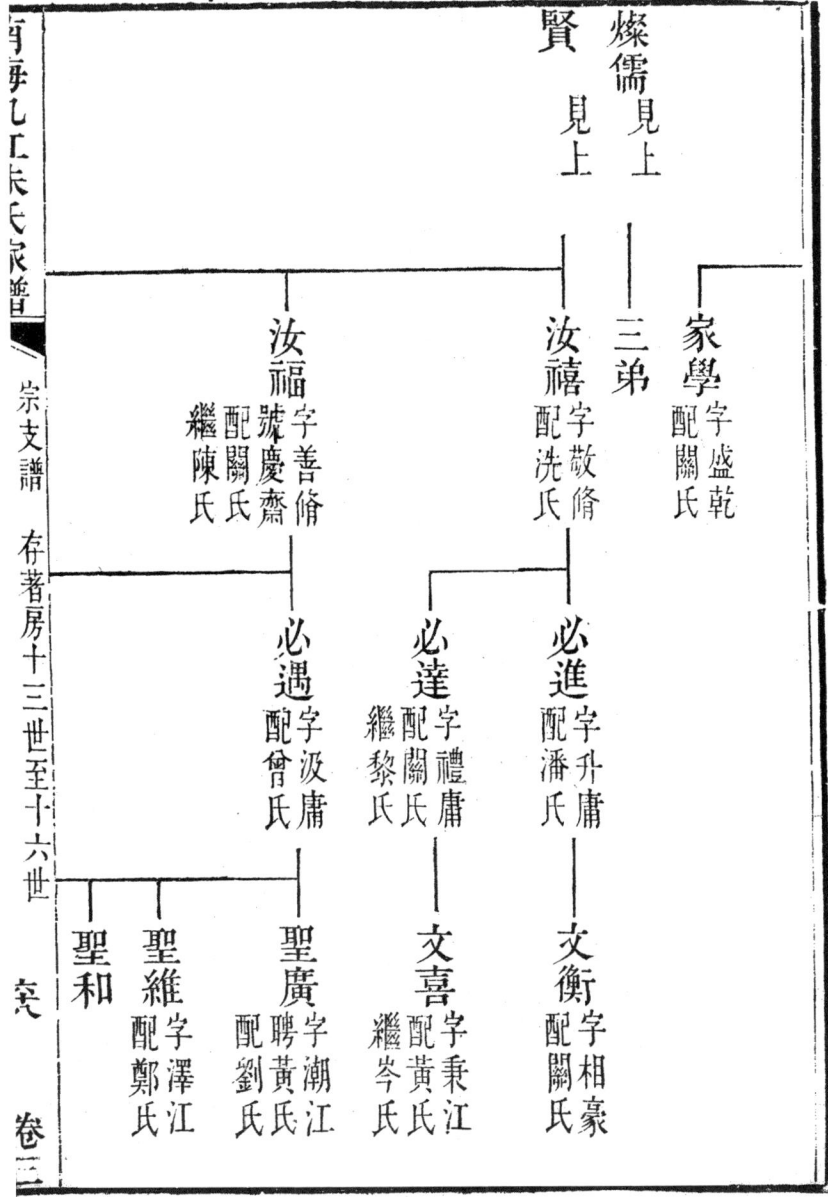

賢 見上

家學 字盛乾 配關氏

三弟

汝禧 字敬脩 配冼氏

汝福 字善脩 號慶齋 配關氏 繼陳氏

必進 字升庸 配潘氏

必達 字禮庸 配關氏 繼黎氏

必遇 字汲庸 配曾氏

文衡 字相豪 配關氏

文喜 字秉江 配黃氏 繼岑氏

聖廣 字潮江 聘黃氏 配劉氏

聖維 字澤江 配鄭氏

聖和

汝權 字慎脩 配潘氏 繼程氏

必逢 字景庸 配關氏 庶鍾氏

桂章

聖昌

必遠 字煥庸 配周氏

貴德 見上

汝堅 字志脩 號貞幹 配張氏

汝發 出繼潤長

啟德 見上

汝祥 字毓靈 配周氏

桂臣 字安國 配岑氏

應棠

政臣 字賢國 配劉氏

永棠

潤長 見上立汝發繼
阿容 殤
汝發 字挺脩 配關氏
英傑

尚昌 見上
宏光 字煥彩 配關氏
幹有
華有 字聖德 配關氏 繼關氏
阿寶

尚嵩 見上
宏富 字英彩 號俊君 配區氏
汝艮 字怡德 配馮氏
潤奴 字挺芳 配馮氏
宏璋 字能彩 配關氏
逢長 字宗堯 配岑氏
綿眷

玉臣
仲臣

尚郁見上

宏道字耀彩號善齋配黄氏繼關氏庶關氏

祖逢字懿德號仕成配李氏

懷璧字榮珍配廖氏庶關氏

尚鴻見上

宏貢字昇彩配余氏

賜長字肇德配李氏

宏業字宜彩配張氏

尚鳴見上

鸞彩以字行原名宏盛號樸廬監生配鄭氏庶明氏

汝浩原名汝梭字法堯號淦泉監生配張氏繼李氏

有壛字冠和配陳氏

有垣字掖和配李氏

張氏

庶梅氏

有均

暉彩 以字行 原名宏祖 號曦樓 壽官 配鄧氏

汝坤 殤

錫康 殤

錫寧 殤

汝棃 殤

汝安 字贊堯 號在蕒 配周氏

有年 字養頤 配馮氏

有權

汝楷 字相堯 號唐臣 配岑氏 繼陳氏 庶吳氏

有根 殤

有釗 字勵和 配盧氏

有焯 殤

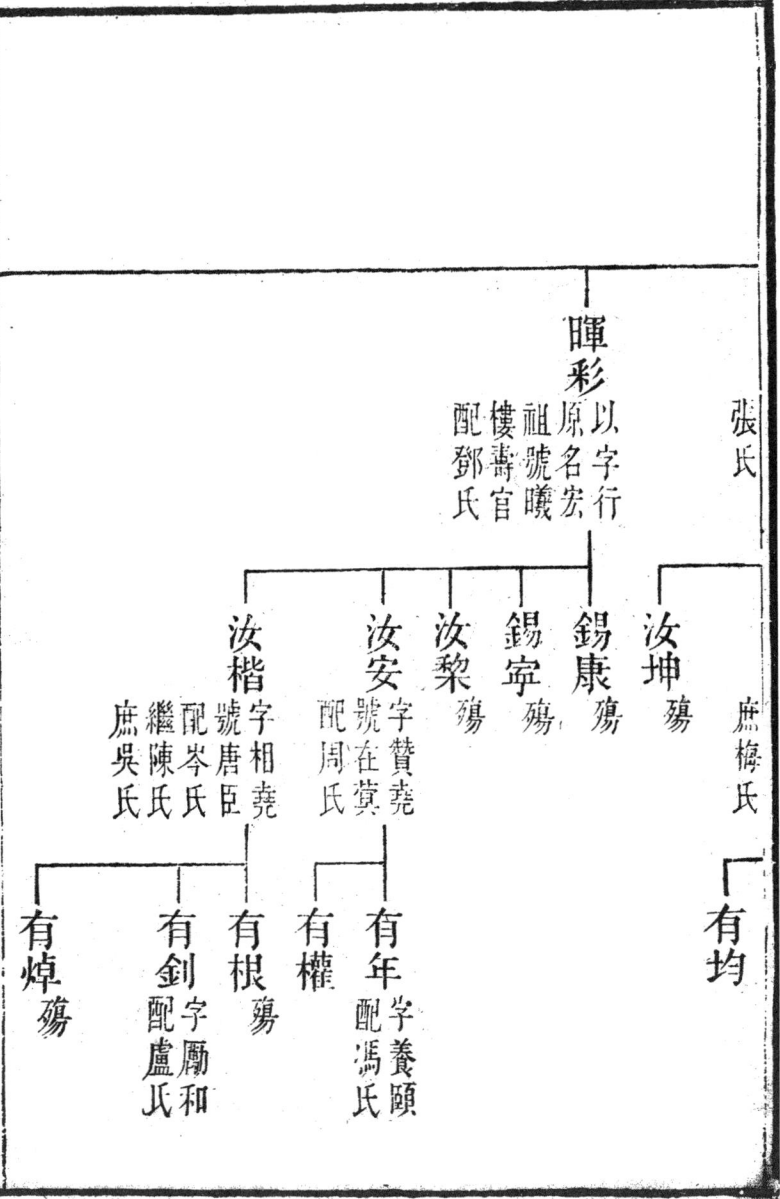

宏卓 字恒彩 配馮氏

尚鳳 見上

宏壽 字賢彩 配關氏 庶黃氏
汝傑
汝麟

宏綱 字國彩 配關氏
阿六
阿七 外出

宏紀 字振彩 配關氏
阿奴

宏河 字漢彩 配黃氏
汝玲

尚珍 見上

宏茂 字日堂 號愼齋
金福 字蘊經 配黃氏
康泰 殤

配馮氏

宏浩 字蔭堂 配劉氏 旌節

宏高 字志堂 號慨軒 配陳氏

金貴 字佐經

金祿 字仁經 配余氏

金英 字文經 配梅氏

金玉 字文璽 配黄氏

寧泰 字永良 配陳氏 繼馮氏

安泰

時泰 殤

新泰

湘泰

尚忠 見上

宏潤 字業堂 配陳氏 繼關氏

宏五 字會堂 配張氏 繼關氏 立庚連繼

尚志 見上

宏隆 字裕堂 號謚昌 配陳氏

錫連 字協經 配關氏

官連 字綸經 配李氏

庚連 出繼宏五

科連

庚連 字沛經 配黃氏 庶蕭氏

郁泰

保成 殤

遇成 殤

泗成 殤

阿景 殤

繼宗

尚宏見上

宏德字敬堂
配陳氏
繼梁氏

烘報字純經
配關氏

盛魁

烘豔

輝元字燦堂號懷亭
配陳氏

省福字滿經
配曾氏

占魁

明魁

連福字能經
配張氏
繼呂氏

士魁殤

貴福字泰經
配廖氏

慶魁

朝魁殤

聯魁

宜魁

耀元又名細元字勝

堂號仰亭配麥氏

保福 字禮經配張氏

志魁

閏魁

尚廣 見上

宏猷 字澤堂號潤亭配關氏繼周氏

忠揚 字達經號堯衢配麥氏

興泰

興照

興培

興祥

忠能 字綿經

忠信 字秩經

宏祐 字禮堂號志亭配梁氏

尚東 見上

宏琛 字廣堂號盛亭

尙榮見上
配李氏

秉政字廷漢
號純脩
配陳氏

周柱字應彪
配梁氏

松元

持政字雲漢
配關氏

周作

周偉外出

社穩見上

炳林字炎南
配關氏

蘭長

社科見上

渭來字卉芳
配關氏

元滔字佐艮
配劉氏
繼關氏

始言字詒謙
配關氏

富言字志謙
配劉氏

元昇字健艮

桂林
原名貴來
字瓊芳
庠生
配關氏

寧長
字錫良
配關氏
外出新會

宜常
字顯芳
號祈亭
配劉氏
繼康氏

汝鈞
字品良
配關氏
繼劉氏
庶黃氏

鑑言

炳言

泰言

汝熾
字溢良

汝澤
字國良
配張氏

庸盛
見上

□□
字文垣
號偉軒
配潘氏
庶何氏

元舉
字擢良
號善亭
配劉氏
繼關氏

全安

友安

元盛 見上

濟熙 字耀垣 配陳氏

杰安

帝旺 見上

初成 字元貴 配張氏 立兆隆繼

兆隆 字璧良 號和珍 配易氏

柏安 字華謙 配關氏 繼明氏

葵安 字恆謙 配張氏

阜成 字坤貴

德成 字乾貴

易成 字裕昌 配馮氏

阿雄 字聚良 配曾氏

帝義 見上

阿池 字匯昌 配關氏

堯 字遂良 配關氏

桐安 字成謙 配周氏

繼梁氏

阿柳 字純昌 配黃氏

細柳 字殿昌 配陳氏

細池 字其昌 配周氏 繼梅氏 易氏

細桐 字德謙 配梁氏

帝智 見上

興元 字昇揚 號光能 配黃氏

兆隆 出繼初成

應隆 字佩艮 號蘭珍

提安 字永謙 配岑氏

配鄧氏

亨元 字[illegible]揚 號[illegible]光 配[illegible]氏 庶關氏

業隆 字浩良 配曾氏

連元 見上

汝靈 字應萬 配岑氏 立同長繼

同長 字卓榮 配關氏

閏昌 字陞隆 配關氏

富昌 字貴隆

旣昌 字寶隆 配潘氏

應擢 見上

宏貴 字仕顯 號爵軒 配陳氏 繼關氏

聖長 字逸常 配關氏 立盈昌繼

盈昌 字迪隆 配岑氏

時長
字世榮
號潤莊
配關氏

殿榮
以字行
原名帝
長號槐
莊壽官
配關氏
庶陳氏

盈昌
出繼聖
長

南山
以號行
原名浩
昌字永
隆壽官
配吳氏

軼羣
原名壘
昌字傑
隆號拔
凡監生
配曾氏
繼鄭氏

麟昌
字瑞隆
號仁圃
配鄭氏

裔昌
字奕隆
配關氏

宏式
字道顯
號仁軒
配吳氏

宏沃
字盛顯
號艮庵
配曾氏

戊長
字燦榮
配關氏

同長
出繼汝靈

桓長
字信榮
配關氏
立根昌繼

柱長
字業榮
配關氏

作昌
字振隆
配曾氏
繼康氏
庶譚氏
吳氏

連昌
字璧隆
配關氏

根昌
字協隆
配陳氏

安昌
字汝隆
配關氏
繼關氏

成裕 見上

信學 字仰儒 配黎氏 繼曾氏

珠業 字作基 配劉氏

光業 出繼貴安

明業 字文基 號啟傳 壽官 配李氏

大鵬 字翔貞 配關氏

大鼇 字華顯 配霍氏

大芳

大品

大登 字庸顯 配曾氏

大恩

根昌 出繼桓長

連裕見上

柞甡

貴安字指日 配陳氏

繼立光業

光業字耀基 號照坡 配關氏

大初殤

大伍殤

美學字占儒 配呂氏

康業字德基 配曾氏

泰業字廣基 配關氏

純業字悅基 配羅氏

植業字滿基 配關氏

大洪

大高

大林

大允

大培

壯裕見上

興貴字沛寧號永康配鄧氏庶關氏

潤貴字澤寧號惠康配關氏

鴻業字江茂配梅氏守節庶梅氏

阿業字□茂配李氏

恒業字掄茂配馮氏

桂良字廷光配關氏繼關氏

八弟殤

順良字福韶

應良字柏賓配鄭氏

大堅字元貞配關氏庶羅氏

蒼艮 字志寶

福艮 殤

照艮 字榮光 配馮氏

權業 字啟茂 配關氏

漢業 出繼文貴

文貴 字毓寧 配關氏 旌節立漢業繼

漢業 字暢茂 配呂氏

進艮 字瑞光 配何氏

佳艮 字時光 配曾氏

炳裕 見上

明貴 字秀寧 配關氏

泰裕 見上

觀弟 字友寧 配姚氏

成業 字紹堂 配曾氏 立惠艮繼

惠艮 字純光 配鄧氏

五業 字幹堂 配黃氏

惠良 出繼成業

志良

觀保 字錫寧 配梅氏

觀佐 字佐寧 配鄭氏

長耀 字昌茂 配關氏

炳良

觀佑 字佑寧 配關氏

存業 字貴茂 配黃氏

建良

序良

觀成 字獻寧 配岑氏

景業 字閏堂 配胡氏

卓裕 見上

桂宗 字秋蕃 號衍亭

榮業 字經茂 配岑氏

保良 字任芳 配關氏

配關氏

敬業 字宏茂 配關氏

坤良

執良

光宗 見上

潤科 字國典 配關氏

普業

繼科 字成典 配關氏

勝業 殤

多孫

□□ 字國章 見上

阿有 字奕乾 配陳氏

二有 字仰乾 配關氏

初長 字意廷

長貴 字佐廷 配關氏

二中

愛中
字澤南
配關氏
庶張氏

佑中
字錫南
配關氏

偉中
字建南
配關氏

長富
字茂廷
配吳氏

炳中
字昭南
配蘇氏

耀中

三有

開有
字璧章
見上
□□

賢有
字亮乾
配陳氏
字符章
見上
□□

應會 見上 立細林繼

應秋 見上

有相 字朝貞 配關氏

細林 又名志林 字輝揚 配何氏

有成 字維貞 號振寧 配關氏

耀廷 以字行 原名大榮 號光國 壽官 配周氏

細榮 字觀廷 號拱屏 配關氏 庶黃氏

錫璣 原名二珠 字虞寶 號懷川 監生 配張氏 庶趙氏

輝寶 原名五珠 字漢輝 號曉川 監生

有光 字景揚 號隱存 配關氏 繼班氏

賜福 字獻廷 配潘氏

守節

配陳氏 庶劉氏

士璋 字璧輝 號奇石 配關氏

志璋 字恒輝 號華石 配陳氏

新科 殤

仕允 殤

仕安 字成業 配馮氏 繼關氏

仕祥 字廣業 聘關氏

配張氏

興貴 字浩廷 配劉氏

富貴 殤

琛貴 字卓廷 配關氏

逸貴

慶貴

才貴 殤

十貴 字秀廷 配黎氏

應連 見上

有林 字英揚 號逸存

堯貴 字舜廷 配關氏

配張氏

庶關氏

細林 出繼應會

應科 見上

□□ 字國相 配□氏

阿四 字亮廷 配岑氏

成芝 字業祥 配曾氏

榮芝 字敘祥 配黃氏

阿七 字建廷 配吳氏

宜芝

阿芝

尚芝

應元 見上

兆進 字昌輝 配張氏

新仔 字耀長 配陳氏

公保 字福安

公勝 字正祥 配張氏

應春 見上

□□ 字國翰 配□氏

顯朝

應庚 見上

漢植 字雲相 配張氏 繼立永元

永元

海植 字兆明 配潘氏

永元 出繼漢植

景元

滌植 字佐明 配彭氏

四仔 字惠長

克開 字清祥 聘曾氏 配關氏

津植 字以明

滿植 字廣明 號盈波 配關氏
- 一元 字禮廷 配黃氏
  - 福興
- 領元 字富廷 配關氏

觀帶 見上
- 英琇 字佩充 配關氏 庶黃氏
  - 天錫 字兆廷 配潘氏
    - 仕寧 字進升 配關氏 庶彭氏
- □□ 字榮充 配□氏
  - 阿庚

□□ 字炳侯 見上

朝帶 見上
- 卓彪 字昌茂 配曾氏

祖柱見上

魏隆字進章
配黃氏

仝勝字□□
配黃氏
外出海
南

新孫

阿爲殤

義弟見上

玉開字啟光
號璧琪
配關氏

章遠字業成
號煥亭
配關氏
繼關氏

汝安字永雄
配劉氏

汝維

三章字禮成
號樂亭
配關氏

細章外出海
南

正開字堯光
號舜琪

兆宗字溢成
號月亭

汝東字友雄
配陳氏

配關氏

配鄭氏
繼吳氏

汝佳

泰隆
字豪光
配鄭氏

現田
字傑成
配陳氏
繼黃氏

佐田
字暢成
配關氏

喜之

盛之

怡弟見上

嘉隆
字挺光
號沃軒
配關氏

啟華

日華

聚隆
字瑤光
號松軒
配關氏

應華
字時顯
配張氏
庶溫氏
立懷仁
繼

懷仁

景隆 字殿光 號象軒 配梁氏

翰華

相華 字元錦 號傳堂 配胡氏 外出安南

顯華

廷華

敬之 字瑞雲 配□氏 居安南東京

懷仁 出繼應華

羽翽 字信遠 號樸山 配關氏

冠夷 居安南東京

盛隆 字浩光 號愛軒

經華 字宏顯

- 配梁氏
  - 卓華 字昭顯
- 愷弟 見上
  - 逢隆 字容光
  - 章隆 字定光 號如軒 配鄧氏
    - 閏華 字德顯 號榮翰 配關氏 庶林氏
      - 聯蒼 字儒江
      - 純蒼 字粹垣 配關氏
  - 義隆 字漢光 配鄧氏 繼何氏
    - 帶章 字怡錦
- 科弟 見上
  - 瑞隆 字國光 配關氏
    - 白華 字昇顯 配黃氏 繼關氏
      - 定之
      - 同之
      - 宗之
  - 仕隆 字錫光 配關氏
    - 兆華 字凌顯 配張氏

成弟 見上

觀弟 見上立旺隆繼

□隆 字麗光 配關氏

旺隆 出繼觀弟

務隆 出繼有弟

旺隆 字瓊光 號南珠 配關氏

兆初 外出海南

兆新

兆保 字廷顯 號裕貞 配關氏

兆福 字廷靄 號瑞亭 配關氏 繼關氏

慶之 字有餘 配黃氏

志之

正之 字直餘 配關氏

安之 字相餘 配張氏

兆祿

兆鼇

康之 字照餘 配張氏

有弟 見上 立務隆繼

務隆 字全光 配關氏

兆洪 字振靄 配黃氏

亮之 字寧遠 配張氏

滿之

會弟 見上

貴隆

日隆

信益 字朋光 配關氏

學華 字廷茂 配關氏

文安 字明廣 配李氏

燦之

培之

忠益 字堂光 配關氏

兆林 外出海南

耀弟　見上

喜隆

見隆

錦隆　字同光　號明鑑　配馮氏　繼陳氏

茂隆　字秀光　號餘峯　配關氏

養華　字廷裔　配關氏

合華　字廷揚　配關氏　外出安南

玉華　字廷邦　配馮氏

春華　字廷宗　配關氏　繼蔡氏

元之　字英廣　配關氏

會之

求安

連安

堯安

居弟見上

恆成字懿林
配關氏

澄成字履平
配關氏
庶張氏

德華

發祖字達靄
配關氏

祥祖字澤靄
號濟亭
配關氏

永祖

朝祖

秋華

伯華字璧靄
配盧氏

長之字晉遠
配古氏

伍之

靈之字廣遠
配黎氏

仕之字能遠
配關氏

和之

根之

- 有燦見上
  - 秋成 字球章 配黃氏
    - 麟炎 字華珍 配曾氏
      - 權斌 字佐朝 配關氏 繼關氏
    - 麟瑫 字乾珍 配關氏 繼立宜斌
      - 宜斌 字昌遠 配關氏 庶鄭氏
  - 喜成 字偉章 配陳氏 庶關氏
    - 麟科 字純佳 配關氏
      - 宜斌 出繼麟瑫
      - 閏斌
      - 國斌
- 有倫見上
  - 貴成 字燦揚 配黃氏
    - 麟仲
- 有進見上
  - 多成 字富章 配關氏
    - 麟高 字奕佳 配關氏
      - 灝斌

繼曾氏
立麟高
繼

東成 字億章 配黃氏
- 麟高 出繼多成
- 顯高

公位見上
- 有南 字振英 配黃氏
  - 喜倫
- 有勝 字文英 配關氏
  - 喜進 字燦堂 配關氏
    - 來

斯孝見上
- 配球 字璇英 配黃氏
  - 聲華 字耀堂 配老氏
    - 能萬 字賢東 配關氏
    - 枝萬 字毓良 配張氏

朝萬 字安良 配關氏

成萬

湛華 字會堂 配關氏

和萬 字楮良 配易氏

江萬 字永良 配馮氏

共萬 字作良 配關氏

璵萬

柏萬

斯賢 見上

有貴 字煥英 號愛霞

翰堂 以字行 原名柏

定揚 字懿良 號心廣

配馮氏

華號雲甫壽官
配陳氏
繼劉氏

配黃氏

遠揚
字惠良
號恩廣
配黃氏
繼吳氏

顯揚
字信良
號禮常
配黃氏

上華
字茂隆
號盛軒
配關氏

德勝
字穗良
號志廣
配黃氏

添勝
字景良
配關氏

有榮
出繼斯忠

有榮
字純英
號祺庵

炎華
字靄堂
號介峯

斯忠
見上立有榮繼

配馮氏
繼張氏

斯祖見上

有成 字翔英 號省垣 配關氏

燕華 字麗堂 配鄧氏

浩華 字紹堂 號愛蓮 配張氏

松華 字德明 配明氏

湛 字錦堂 配關氏

配關氏
繼余氏

昆勝

權勝

炳倫 字福艮 配關氏

敬倫 字緝艮 配關氏

公權見上

逢貴字翘玉
配吳氏

亮報字恩禮
配潘氏

有報字庸開

三報

錫華字拜揚
配關氏

官華字□□
配關氏
外出海
南

日勝字富艮
配關氏

業倫字贊艮
配吳氏

公上見上

公爵見上

奕林

戌德字廣章

戌開字大章號峻岐配鄭氏

靈杰字廷禮號覲光配李氏

信杰字瓊禮配吳氏庶劉氏

尊聖字寅清配關氏

海聖字允清配岑氏

艮聖

倫聖字相清配陳氏

福聖

四報

九弟字昭禮配易氏

球聖

十弟

潤顯 見上

三德 字順章 號恩華 配黃氏

四德 殤

金德 殤

保芳 字瓊秀 配關氏 旌節

維一 字宏禮 號廣莊 配麥氏

才杰 字志禮 配關氏

佳杰

永 字輝璵 配關氏 繼黃氏 外出廣

兆麒

祥聖

康聖

培聖

滔聖

郁 殤

章泰

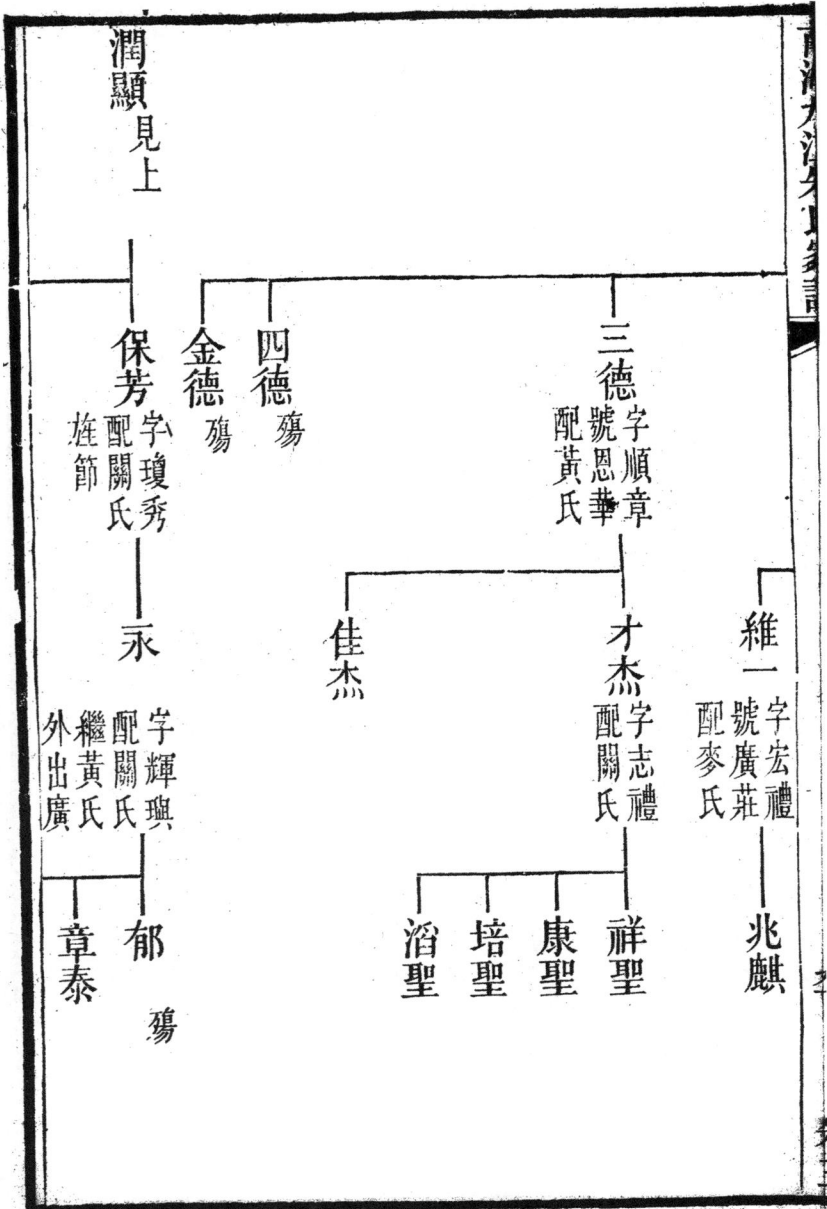

連超見上

元芳字昌秀配關氏

松芳字福秀配關氏

靈芝又名細元字英秀號穆莊配關氏

學桐字材廣配關氏庶潘氏

堯安

植安殤

岐芳字喬秀配關氏

世芳字挺秀配吳氏

西

攜泰

氏

學標 字譽廣 配曾氏 庶李氏

盛安

順安

樹安

尚舉 見上

佑芳 字忠秀 配關氏 繼張氏

阿朋 字殿廣 配關氏

維安 字傑怡

賢安

四安

閏安 字澤怡 配劉氏

細朋 出繼有科

連舉 見上

三元 字經秀 配關氏

二珍 殤

連章見上

長珠字朝典
配關氏

聖長字仁廣
配郭氏
繼周氏

鉅安

二珠字濬典
號聘懷
配關氏

興長字信廣
配關氏
繼區氏

驥安

連帝見上

有科字雄秀
配關氏
立細朋
繼

細朋字惠廣
配關氏

純安

富安

楚安

載安

三科外出

一成見上

乾元字萬資號日生配關氏

求寶字聘時號德珍配張氏繼何氏

汝才字履謙號如堅配周氏繼郭氏

達才字政謙號益堅配關氏

坤元字配天號裕後配程氏庶黄氏立仕偉繼

學熙字啟時配曾氏

仕偉字獻時號應珍配關氏庶關氏

驥才字仁廣配崔氏

駿才

奕才

夔元字護天號積全

仕雄字泰時號璧珍

遠才字仲謙配梁氏

配關氏

仕偉 出繼坤元

仕文 字叶時 號英珍 配關氏

顯才 字秉光 配關氏

國才

配黃氏 庶陳氏

日才

艮才 字秉謙 配曾氏

科元 字秩天 號捷全 配關氏 庶曾氏 李氏

仕南 字燦時 號旋珍 配關氏 繼李氏

聞才

蒲成 見上

細科 字錦天 配關氏 立朝江

朝江 字暢榮 配關氏

列才

養才 殤

逢科 字惟天 配關氏 繼

恩科 字任天

庚科 字敬天

森成 見上

建元 字叅天 號平波 配關氏

永江 字暢時 配關氏

朝江 出繼細科

攀才 字占秋 配張氏

扛才 字振秋 配關氏

夢松 見上

和基

帝官 見上

和孫

林官 見上

士琪 字瑋儒 配梁氏 庶潘氏

純安

茂安

夢蓮見上
始開
燿書

連進見上
閏孫字興倫　號雲屏　配李氏
閏華字協倫　號福翎　配黃氏

連科見上
聖孫字齊倫　號爵榮　配黃氏
明帶字浩朝　配黃氏
張顯
張湛
張福

聚安
富安

祉科見上

成祖字興業號鶴翎配周氏

敬業以字行原名滎祖號匯川壽官配劉氏繼關氏

壽帶字應朝配關氏

恩帶字肇朝配關氏

官帶字搢朝配關氏

福帶字蔭朝配梁氏

炳燦字茂朝配關氏

允成

張祿

張五

靈芳

燿芳

麟芳

庶關氏

乾科 見上

繼祖 字志業 配譚氏

繩祖

帝科 見上

松貴 字恆業 號惠翎 配關氏 繼陳氏

張錫 字湛朝 配關氏

汝安

世科 見上

萬貴 字建業 號仕彪 配黃氏

新慶 字永朝 配張氏

騰芳

德慶

寬慶 字滿朝 配關氏

社克 見上立兆祖繼

兆祖 字能業 號雲千 配陳氏 守節

社祐 見上

兆祖 出繼社克

兆宗 字泰業 配張氏

□□ 字彛先 見上

廷貴 字朝魁 配郭氏

大妹 見上立仕明繼

仕明 字清揚 配關氏

次堯

二妹 見上

仕明 出繼大妹

仕炳 字昆揚 配關氏

巨勝 見上
- 仕照 字紹揚 配曾氏
  - 翰堯
  - 彬堯
- 仕培 字懿揚 配關氏

蠶家 見上
- 國安
- 順安

新貴 見上
- 同枝 字奇揚 配關氏
- 凌枝 殤

子貴 見上
- 成枝

松貴 見上
- 洪寶 字茂輝 配黃氏
- 洪光

連貴見上

仕佳字德揚
配關氏

瓊貴見上

仕志殤

仕勝

仕高

就得見上

燦貴字悦業
配關氏

三娣字永業
配關氏

四娣字禮業
配關氏

進才

全勝 見上

沛珍 字廣泰 配周氏

錫坤

杏坤

揚坤

國珍 字元泰 配關氏

歷坤

武珍 出繼海滔

富珍

海滔 見上 立武珍繼

武珍 字文泰 配陳氏 繼張氏

十六世

十七世

十八世

旺弟 見上

順芝

滿芝

汝發見上
祺餘
祺新

五妹見上
張林殤
泰來

文炳見上
子來殤

文驄見上
錮品
釗品

燊發見上
喜孫
慶孫

植槐見上
壬生字湛元
配關氏

植鍪 見上

銘生

鍾生 殤

贊生 殤

智生

植奇 見上

颭生

植清 見上

挻生

文駒 見上

年春

逢望 見上

年登

逢吉 見上

年康 字景時 配陳氏

年永

廷誥 見上

斯湀

廷謟見上 — 斯立、斯來

廷詢見上 — 斯詠、斯猶

文喜見上 — 元鑣

寧泰見上 — 伯然殤

始言見上 — 福榮、業榮、昭榮

柏安見上 — 靈發殤

桐安見上 — 益發

盈昌見上

仲發

成舉字俊揚
配梁氏
繼余氏

華貴殤

福貴字亮陞
配張氏

顯貴

海貴

春貴

新貴

艮舉字善揚
配梁氏
庶潘氏

汝貴字健陞

孔貴字耀陞

韶貴字舜陞

垣貴字權陞

南山見上

軼羣見上

藝舉 字冠揚 配關氏
- 淮貴

才舉 字驥揚 號其德 配黎氏
- 銓貴 字衡陞 配梁氏

兆舉 字錫揚 號紫卿 配劉氏
- 源貴 字漢陞
- 溢貴 字翰陞

煥舉 字志揚 配張氏 繼梁氏
- 松貴
- 錦貴

超舉 字建揚 配關氏
- 長齡 殤
- 億齡

麟昌見上

鸞舉　字輝揚　配關氏
彭齡

和舉　殤

彥舉　字贊揚　配關氏
望齡
柏齡

鶚舉　字英揚　配曾氏

豪舉

拔舉　殤

政舉

廷舉

裔昌見上

廉舉

作昌見上 — 亮舉殤

連昌見上 — 賢舉殤、玲舉殤、章錫、章友

安吕見上 — 堯舉、蔭舉

大堅見上 — 熾亨

應艮見上 — 壽開

照艮見上 — 盛開、鑑開

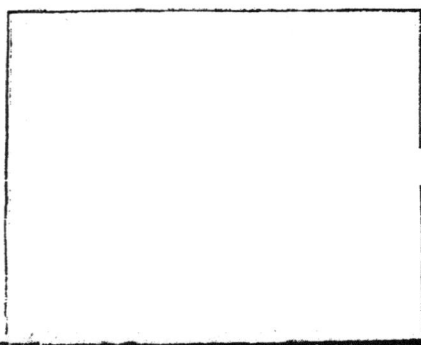

進良見上
奴開出繼保良
湛開
錫開

佳良見上
源開
均開

惠良見上
貴開

保良見上立奴開繼
奴開

愛中見上
朝安

佑中見上
成安

錫璣見上
東長字煥文號玉田
汝鏗

配關氏

南長
字炳文
號炎山
配關氏

- 汝聰
- 汝靖
- 汝瑚
- 汝熊

西長
字澤文
號秋亭
配馮氏
庶關氏

北長
字焌文
號丹珊
配陳氏

- 汝烜
- 汝權

福長
字顯文

輝寶見上

康長字達文號雲衢配張氏
汝恒
汝濟

焜長字熾文號繼昌配老氏

淮長字湛文號鏡泉配老氏
七珍

士璋見上

垣長
剛長
麟長
浤長

志璋見上

炘長

靈長

兼長

韜長

仕安見上

重禮

德禮

苟禮

成芝見上立才貴繼

才貴

榮芝見上

才貴出繼成芝

公勝見上立華炎繼

華炎

克開見上

相林

華炎出繼公勝

仕寀見上

孟純

奕純

汝東見上

扶聰

羽鼇見上

俊榮字建常配李氏

配榮

品榮

慶之見上

萬來

順來

正之見上

驥榮

安之見上
　恩魁

文安見上
　泗然

和萬見上
　光元
　益元

江萬見上
　帝元
　已元
　祐元

遠揚見上
　耀元
　慶元
　太元
　正元

顯揚見上

昇元

貢元

湛元

京元

德勝見上

扶元

渾元

添勝見上

時元

炳倫見上

體元

要元

敬倫見上

漢元

應元

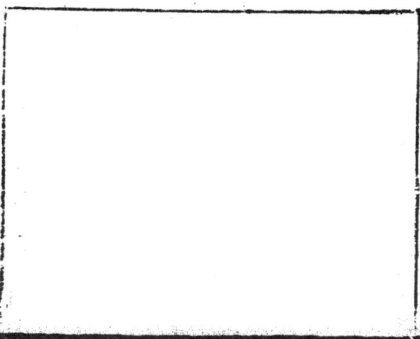

業倫見上
沛元
鍾元
逢元

日勝見上
廣元

尊聖見上
榮安

倫聖見上
宜安
文安

汝才見上
清貴外出

達才見上
多福字錫祥配關氏
有福
聯福

攀才 見上 —— 貴保

存著房支派除以上所列外另有登閣嘴一支自十一世以前無可考今姑以其曾頒祭胙者附錄於後

十二世 □□ 字朝恩 配何氏 墓在槎山庚酉嚮

十三世 汝科 字傑元 號松偉 配陳氏 墓在龕貝山丁未嚮

十四世 □□ 字啟餘 配溫氏 墓在馬山辰巽嚮

十四世 □□ 字業餘 配曾氏 墓在馬山辰巽嚮

十四世 □□ 字聲國 配周氏

十四世□□ 見上

十四世 □□
字志餘
配盧氏
墓在馬山辰巽嚮

十三世景科
字式元
號益安
配周氏
墓在月山癸丑嚮

十四世連有
字成萬
號藝圃
配嚴氏
墓在象山庚甲嚮

十四世□□
字啟餘
見上

十五世阿水
字洪德

十四世□□ 字志[illegible] 見上

十四世連有 見上

十五世金成 字鏞德 配黃氏

十五世能貴 字廣德 配馮氏

十六世郁榮

十六世接榮

十六世進初 字禮祥 配馮氏 繼明氏

十六世宏初 字秩祥 配黃氏

十六世發初 字達廷

十六世叶初 字月廷

南海九江朱氏家譜

十五世新貴 字蔭宗

十五世四貴 字勝宗

十五世倫貴 字艮德 配關氏

十六世建初

十六世炎初

十六世昆初 殤

十六世擇初 殤

十五世洪貴 字配德 配張氏

十六世潤初

十六世林初

十六世桂初

謹按登閣嘴一支相傳嘉慶初年十三世監生昭
百始行採取收入於其五世北莊房內繇是上至
始祖皆一體頒胙顧當年昭百秖辨知與同五世
而未嘗詳記其五世以後系屬何支其子孫能自

託於昭百歸詣本宗而未嘗於五世以來派別宗
祧別存簿籍其時家譜固未續脩爾後該子若孫
等益喬野惷愚因遂忘其六七八九十十一六代
名氏緜歷周甲事據益希脩譜至此實費躊躇繕
稿之初爰諏衆議僉謂此支斷缺無屬自難列入
宗圖之內而須胙已久亦未合概從刪薙竟付闕
如自當卽其可知者次第附存著房之末庶幾情
理兼盡焉烏虖春秋之義著以傳著疑以傳疑事
近傳疑不得不變文起例後有君子亦諒其義變
而情公焉

世絶無屬

彥偉 彥奎 彥烱並接莊公孫據本墓碑 士智 士行並直塘公元孫據秋圃公墓碑以上八世

夢貽 夢賜 孔鏗 孔壽並接莊公曾孫據本墓碑 盛汝直塘公來孫據採訪

裔電 裔麟 裔雷 裔鵬 裔鳳 裔覺 裔昌

裔蕃 裔祚 裔成並直塘公來孫據秋圃公墓碑以上九世 允崑法予公孫據本墓碑以上十世

朝陽 朝斌 朝熙 朝鼎 朝亮 朝鐘並法予公曾孫據本墓碑

瑞有 瑞珩 瑞珍 瑞璜並赤完公曾孫據本墓碑以上十一世 光士配周氏直吾公元孫據採訪

瓊尚 五珍並赤完公元孫據採訪以上十二世 恆光粵池公來孫據採訪

連科 廣科並而守公曾孫據採訪以上十三世 盛來 世來並玉君公曾孫據採訪以上十四世

振興配潘氏 騰萬配黃氏 騰興配李氏 阿添

騰開配何氏 振軒配程氏 廷贊配譚氏 直贊配關氏 能亮 阿建

純亮配吳氏 宏亮配霍氏 廣亮配潘氏 堯添字平章 阿進字友章

朝楫氏 配潘 阿枉 世堯 並善翁公裔居潭邊 據採訪 純興 英顯 並卓賢公裔

據採訪以

上世次無考

南海九江朱氏家譜卷三終

南海九江朱氏家譜卷四

七世孫學懋初輯

十世孫昌瑤續脩

十五

十六世孫士報

十五世孫士仁編校

十七世孫西長

福元

十六世孫奎元捐刊

顯元

宗支譜

圖三居址附錄繹思房所屬支派二世至十三世

一世　二世　三世　四世

始祖子議字獻謀
配關氏

原達所屬支派見二卷

居上沙始定著為廣州府南海縣九江鄉上沙里人謹按上沙今隸九江西方太平約

善達 所屬支派見三卷

稅達 字正夫配李氏居柳巷祠匾曰繹思堂今稱繹思房

南旺 字允旺號隔川配馮氏繼何氏庶潘氏

毅 字存忠號直庵配曾氏居上沙

般 字存信號華峯配關氏居烏柏根

勉 字存政號靜齋配關氏居大水山

仕清 字願潔號南塘

四世

五世

六世

七世

配潘氏

仕和
字願中
又字允節
號月塘
配潘氏
繼梁氏
氏謹按月塘公又字允節據本墓誌增注

仕志
字願佐
號前塘
配黃氏
特旨旌表
居上沙

毅 見上

敬 字遜之 號荔莊 配馮氏 繼任氏 謹按舊譜作王氏誤據本墓碑及荔莊公墓誌更正

世芳 字時元 號東里 庠生 配鄢氏 繼關氏 居上沙 謹按舊譜作時泉誤據本墓誌更正

世俊 字時明 號南川 配李氏 居盧橋

志學 字宗孔 號玉泉 配曾氏

佐 原名志仁 字宗堯 號九溪 庠生 配周氏 庶曾氏

志禮 字宗顏 號榕所 配張氏 庶鄧氏

志賢 字宗魯 號蓢溪 配周氏

洞

志聖
字宗周
號仰溪
配黃氏

世彥
字時美
號西圃
配陳氏
居濠邊

志洪
字宗卓
號蘆溪
配鄭氏

志浩
字宗廣
號淮洲
配岑氏
庶李氏

志滔
字允濂
號玉台
配張氏

世奇
字時清
號北源
配易氏
居低田

志高
字宗仰
號翠涯
配鄧氏

志遠
字宗望
號侶柏
配關氏
繼易氏
謹按舊譜作號右畦誤據本墓碑及樂波公墓誌更正

志衷
字宗效
號泗濱
配關氏

殷
見上

元昌
字子棨
號直齋
配關氏

彩鵠
字汝秋
號疇元
配曾氏

任
字允大
號涯莊
配梁氏

仕
字允相

元敬 字子樂 號魯齋 配關氏

彩鳳 字應岐 配張氏

彩鶴 字應瑞 配黃氏

彩鴻 字汝賓 號孟虞 配關氏

儒 字允亨 號鍾旗 配關氏

儕 字允揚 配黃氏

倘 字允經

舜卿 字允孚

以卿 字允舉

信善 字允從

信仁 字允紹 號上坡

南海九江朱氏家譜

配關氏

元寶 字子芳 號達齋 配梁氏

彩鶴 更名璋 字伯瓊 號閑愚 配洪氏
謹按 閑愚公更名璋 據世紀增注

彩鷗 字應治 號梅墅 配潘氏

倫 字允序 配關氏

統 字允定 配李氏

繪 字允素

宜鮮 字孟新 號雲涯 配易氏

宜玖 字楚新 號通涯 配關氏

宜麗 字季新 配張氏

勉 見上

黼 字汝顯 配何氏

黻 字汝文 配陳氏

㬎 字□□ 配關氏 立攸繼

昊 字天錫 號懷宗 配傅氏 遷居大同

昪 字朝冕 配陳氏

昇 字天曙 配歐陽氏

攸 字尚賢 號南屏 配程氏

偉 字尚英 配潘氏

攸 出繼㬎

俊 字尚宏 號南畦 配李氏

萬益 字君立 配李氏

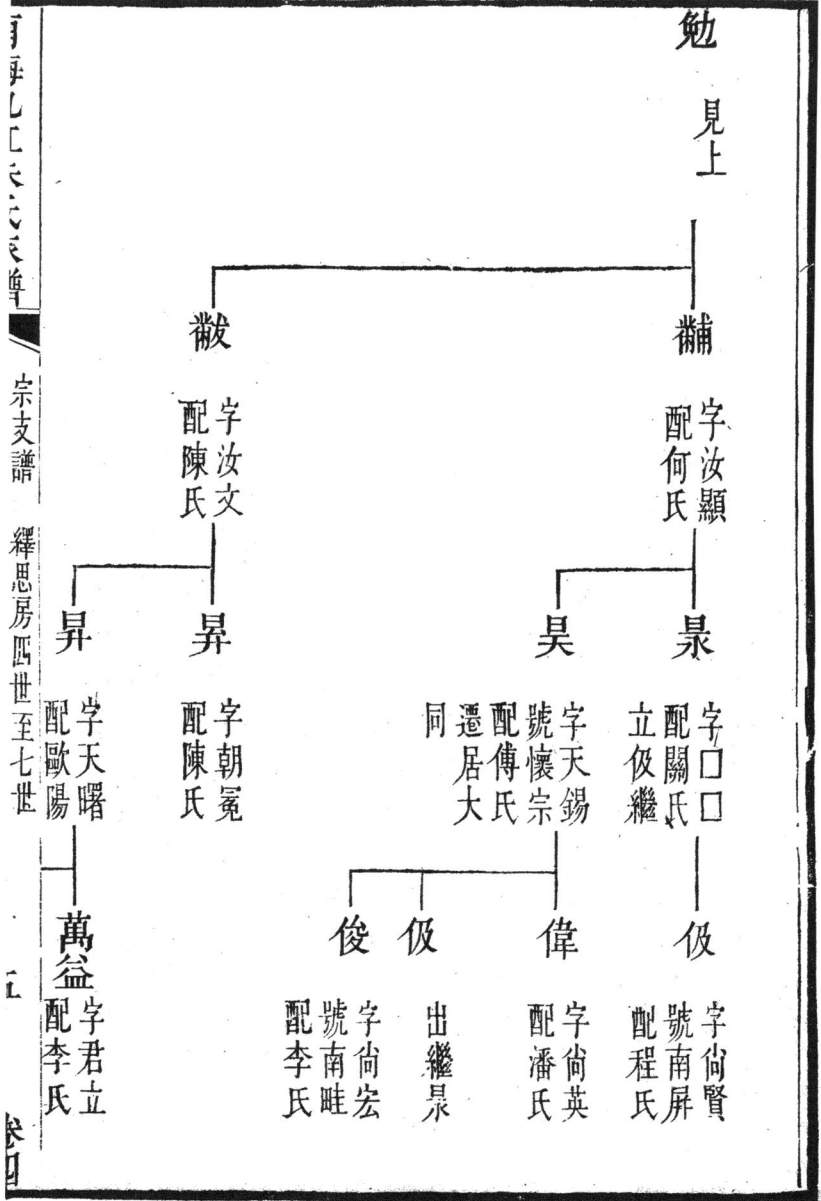

仕清見上

廷昭
字國明號林坡壽官配鄧氏居大洲謹按林坡公壽官據本墓誌及世紀增注

文重
字與充號蒲泉壽官配周氏謹按蒲泉公壽官據本墓碑及世紀增注

誥
字次綸號旋溪配盧氏生庠

譔
字次皋號石潭配馮人通舉判氏

諫
字次忠號桂崖配呂氏生庠胡氏廡

氏

萬科

萬貴

文直
字與剛
號白川
贈主事
配郭氏

誂
字次藩
號蘆洲
配曾氏

諒
字次權
號衡山
配黃氏

諶
字次孚
號杏林
配張氏
繼岑氏

詠
字次功
號樵谷
配鄧氏

諤
字次和
號省庵
典儀正
配張氏

贈安人
謹按
白川公
封贈據
敕書及
鄉志世
紀本墓
誌增注

讓

繼譚氏
庶郭氏
謹按
省庵公
典儀正
據鄉志
及世紀
增注

字次夔
號絅庵
進士知
府贈侍
郎配關
氏封安
人贈淑
人庶馮
氏張氏
謹按
絅庵公
封贈據

縣志鄉志及世紀增注

謀
字次猷號九林配黃氏繼諸氏

廷安
字國寀號公所壽官配葉氏居上沙謹按公所公壽官據本墓誌及世紀增注

文擢
字與魁號上川配易氏

學章
字次貞號近池庠生配李氏

學裕
字次益號荔屏配關氏

學能
字少從號鳳陽

配李氏

廷哲
字國賢號逸夫庠生壽官配潘氏居上沙謹

文理
字與順號順川配周氏

學濂
字次周號後溪庠生封知縣配陳氏封孺人

文捷
字與元號仰柏恩官配關氏謹按仰柏公恩官據鄉志及本墓誌世紀增注

悅仁
原名學敏字次顏號沙村庠生配陳氏

學勉
字次曾號沙滸配李氏

學求
字次冉號惠谷配陳氏

按舊譜圖內作國英誤據原後傳及本墓誌世紀更正又按逸夫公壽官據世紀增注

謹按後溪公受封據鄉志及龜臺湛一二公墓誌世紀增注

學懋

字少脩號龜臺庠生壽官配闕氏繼黃氏謹按龜臺公壽官據世紀增注

仕和 見上

文錦 原名廷英字國俊號絅齋歲貢訓導署知縣配陳氏居上沙 謹按絅齋公訓

宗程 字正卿號捷泉配岑氏

湆 原名學準字平伯號萊洲庠生配陳氏

學度 字越伯號粤軒配陳氏

文簡 字與敬號可山配黄氏

學時 字少習號會溪配劉氏庶馮氏

昌期 原名學昕字少昇號靜谷庠生配梁氏

導署知縣據鄉志及本墓誌世紀增注

潤

原名學紀字綱伯號碧潭歲貢訓導配陳氏繼黃氏謹按碧潭公訓導據鄉志及世紀增注

紹魯

字東卿號明泉配吳氏謹按舊譜作號明川誤據本墓碑更

學成

字章伯號玉池配關氏

學新

字要伯號青崖配陳氏

廷華
字國用
號裕齋
壽官配
陳氏繼
陳氏居
上沙
謹按裕
齋公壽
官據本
墓碑及
世紀增
注

紹奭
字道卿
號靖波
配陳氏

紹旦
字道行
號樂槃
配陳氏

正

學蘊
字性伯
號眞吾
配李氏

學益
字謙伯
號鳴岡
配張氏
繼蔡氏

學業
字兢伯
號性菴
配岑氏

學猷
字壯伯
號鎮軒
配陳氏

學勤
字禹伯
號惺野
配關氏

廷舉 字國良 號樂潮 配張氏 居大洲

紹珪 字正彩 號溯泉 配張氏

紹瓚 字正典 號懷峯 配何氏

紹珩 字正粹 號對泉

學健 字配伯 號容庵 配鄧氏

學就 字光伯 號清源 配陳氏

學智 字濬伯 號懷洲 配梁氏

悅信 字任伯

悅禮 字貴伯 號蘭峯 配梁氏 庶李氏

學英 字偉伯

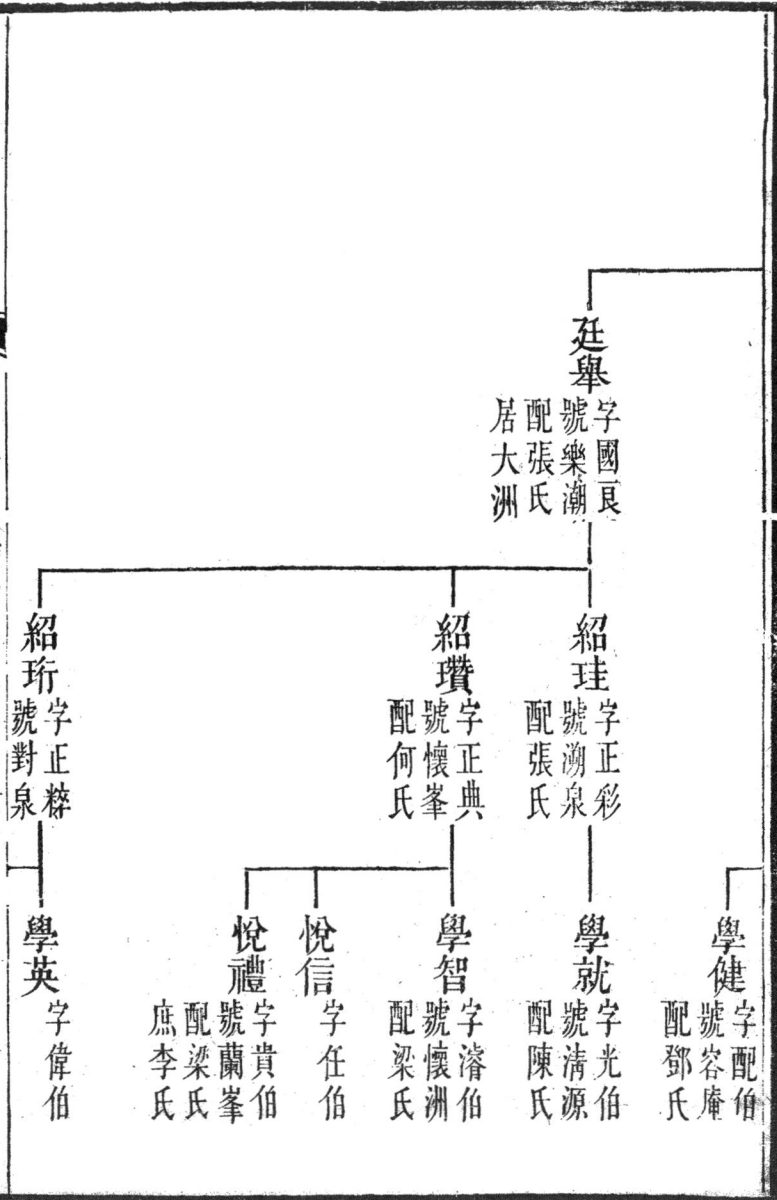

配梁氏

學湜 字舒伯

學豪 字振伯

仕志 見上

廷實 字國珍 號誠齋 配關氏 繼黃氏 謹按舊譜圖內作繼馬氏誤 據原後傳更正

希震 原名文德 字與治 號屏川 庠生 配何氏

文行 字與常 配陳氏

惟寅 字少亮 號同溪 配關氏

惟棨 字少和 號桂軒 配黎氏

惟寵 字少榮 號悅灣 配陳氏

惟賓 字少師 號同汀 配劉氏

文徹 字與均 配黃氏

學守 字少參 號貫台 配曾氏

學宣 字昭伯 號粵台 配曾氏

學宗 據前塘公墓碑補入

學宰 字少襄 號鸞台 配關氏

文衍 字與翼 號五湖 配馮氏

建倫 字少綱 號念湖 配梅氏

南海九江朱氏家譜

文衔 字與逵 號遠山 配李氏

建謀 字少聰 號活吾 配關氏

文衍 字與燕 號右源 配關氏 繼周氏

建陽 字少明 配陳氏

建能 字麗伯 號懷源 配關氏

建績 字少聯 號呂南 配張氏

文衛 字與康 號隣川 配黎氏

建鳳 字岐伯 配曾氏

建鷔 字鸞伯 配黃氏

十 卷

七世

志學 見上

八世

士昂 字宏望 號念泉 配關氏 繼黃氏

九世

守亭 字通甫 號少泉 配陳氏

守規 字象乾 號斗虛 配黃氏

十世

承統 字在基 號泰生 配岑氏

光傑 字文熙 號止庵 庠生 配吳氏

綺 字文仲 號繡日 配陳氏

紘 字重賡 號清琴 配張氏

繞 字文齊 號平庵

配譚氏

士偉 字宏楚 號喬趣 配鄧氏

守謙 字豫甫 號豫源 配譚氏

鎮統 字在雄 號南璧 配陳氏

永統 字繼叔 號錕垣 配陳氏

守訓 字彝甫 號復吾 配周氏

華統 字昌宗 號南陽 配關氏

佐 見上

士銳 字宏選 號赤玉 配岑氏

錫爵 字子脩 配李氏

融和 字少朗 配張氏

志禮 見上

士鑑 字宏照 號明宇 配鍾氏

守誨 字忠甫 配關氏 立正洪繼

正洪 字而達 配潘氏 庶夏氏

志賢見上

士鑄 字宏器 號帶河 配張氏

士鉞 字宏威 號存所 配曾氏

士顯 字宏可 號後林 配梁氏

守濬 字智甫 號睒閒 配黎氏

遵誨 字覺之 號紫林 配陳氏 立文奇繼

旋秉 字衍彝 號懐濬 配陳氏

旋穎 字衍標 號聯洲 配關氏

正治 字而發 號更升 配關氏 繼陳氏

正洪 出繼守誨

文奇 字美璋 號羹林 配黎氏

文斐 字成章 配黄氏

文佳 字妙章 配關氏

士立
字宏脩
號粤林
配關氏
立旋敦繼

旋敦
字衍才
號接湖
配關氏
祔食
謹按旋敦本以龍池公長子入

旋逞
字衍怡
號惺吾
配陳氏

文奇
出繼遵誨

文昭
字朗璋
號一東
配岑氏

文曜
字煥璋
號羹吾
配潘氏

文□
字□璋
號念吾
配吳氏

繼舊譜失考據龍池墓誌訂正

士貫 字宏旦 號龍池 配高氏

旋敦 出繼士立

旋寵 字建廷 號寧宇 配關氏

文郁

文玉 文郁文玉並據龍池公墓碑補入

文懿 字瓊公 號孚潛 配盧氏 繼岑氏

士昱 字宏耀 號粤湖

旋聘 字瓊德 配關氏

配鄒氏

祔食

士爵
字宏秩
號達宇
配吳氏

士瞻
字宏軾
號后園
配李氏

旋準
字自禮
號念園
配關氏

旋興
字明作
號亨宇
配關氏
繼劉氏

文華
字蟾煥
號天毓
配黃氏
繼岑氏

文緯
字蟾統
號元一
配關氏

文璧
字蟾琚
號素月
配張氏

文似
字蟾台
號灣月

配馮氏

士潔 字宏湛 號月灣 配李氏

旋緝 字衍文 號純宇 配關氏

謹按 純宇公名舊譜闕據月灣公墓碑脩

旋田 字明畯 號位吾 配潘氏

謹按 舊譜作旋豪字明峻皆誤據月

永祚 字斐賢 號南陽 配張氏

永允 字卓賢 配關氏

永祥 據月灣公墓碑補入

灣公墓碑更正

旋皋 字鳴賡 號莘緒 配關氏

逢立 字卓貞 配李氏

逢貴 字亮君 配曾氏

志聖 見上

士禎 字宏信 號敬溪 配□氏 附食

志洪 見上

體仁 字宏寬 號瑞田 配曾氏

守記 字能樂 號素琴 配鄧氏 繼張氏

帝龍 字天寵 號三錫 配鄧氏

雲龍 字天衢 號逢亨

配蘇氏

見龍
字天遇
號逢五
配關氏

體義
字宏宜
號心逸
配岑氏

守憲
字能章
號武全
配陳氏

應龍
字天倫
號從雲
配周氏

榮龍
字天鳳
號岐禎
配李氏

志浩見上

鸞
字宏泰
配關氏

鳳
字宏祥
配黃氏

志滔 見上

體慎 字宏縡 配鄧氏

體愉 字宏暢 號近畦 配梁氏
- 挺國 字家甫 號智吾 配關氏
  - 榮登 字在華 號心田 配關氏

體悅 字宏賀 號侑吾 配曾氏
- 萬昌 字熾甫 配關氏

體怀 字宏豫 號練坡 配關氏
- 挺豪 字雄甫 號轢轆 配鄧氏
  - 榮達 字在邦 號寧我 配鄧氏

志高 見上

士益 字宏輔 號懷江 配何氏
- 守約 字遵甫 號秀林 配關氏
  - 大鵬 字聯基 號卓雲 配潘氏
  - 大俊 字元基 號卓廷

配黎氏
繼李氏

士華 字宏英 號南泉 配梅氏 繼李氏

守言 字建甫 號秀梅 配關氏

大餘 字永基 號敬泉 配李氏

大寧 字燕基 號子珍 配關氏

大耀 字光基 配鄭氏

大球 字超騰 配岑氏

大瓚 字璇基 配陳氏

志遠 見上

士喬
字宏梓 號樂波 配潘氏 謹按舊譜作關氏 據本墓碑更正

守權
字衡甫 號仰波 配關氏

守柄
字鳴甫 號敬波 壽一百歲 配關氏 謹按舊譜作關氏壽一百歲誤據本墓誌更正

之進
字連馨 號恆庵 配陳氏 繼配黎氏

王蕃
字悅基 號懿吾 配李氏

王昭
字玉基 號碧霞 配張氏

之倫
字肖基 號逸波 配陸氏

之鳳
字瓊基 配陳氏

士敏 字宏勉 號粵涯 配劉氏

守經 字正甫 配吳氏

守恩 字仁甫 配黃氏

守榮 字進甫 號心吾 配胡氏

王昌 字接南 號岳東 配黃氏

王常 字耀基 號心臺 配黎氏

琪芝 字接基 號一先 配黃氏

志衷 見上

所著 字宏宣 配鍾氏

所見 字宏遇 配梁氏

所聞 字宏知 配關氏

所倫 字宏貴 號元易 配陳氏

- 守宏 字昇甫 號直涯 配梁氏
  - 起泰 字際亨 號吉來 配關氏 繼馮氏
- 守注 字明甫 配關氏
  - 起昌 字際用 配關氏

任 見上

- 體瑀 字宏琛 號確甫 配劉氏
  - 守敬 字聯友 配黎氏
    - 雲熙 字旋康 配馮氏
  - 守遜 字聯謙 配劉氏

儒
見上

思能
字宏有
號耐存
配潘氏

守英
字聯偉
配關氏

守悅
字聯甫
號毓宇
配張氏

守成
字聯廣
號昭宇
配潘氏

雲耀
字應昌
號澤吾
配左氏

雲光
字應國
號懷寧
配曾氏

雲興
字應乾
號坤吾
配劉氏

雲寧
字應泰
號康吾
配梁氏

偁 見上

思祐 字宏佐 配梁氏

守醇 字聯恭 配黄氏

雲嵩 字應岳 配周氏

雲成 字應亨 配張氏

雲桐 字鳳良 配關氏

雲秀 字應裕 配關氏

雲炳 字應華 配關氏

信仁 見上

體健 字彥强 號忩泉

文炳 字査甫 號碕宇

一匡 字會相 號聚源

配彭氏

配周氏

配劉氏

體誠 字彥剛 號守軒 配李氏
—— □□ 字爾濟 配關氏
—— 應世 字而善 配梁氏

啟陽 字賢相 號秀源 配劉氏

啟廷 字公相 配關氏

倫 見上
—— 思杏 字彥才 配劉氏
—— □□ 字爾成 配陳氏
—— 應鳳 字而瑞 配鄧氏

統 見上
—— 建 字宏錫 號葥洲 配關氏
—— 聖高 字爾冲 配陳氏
—— 應揚 字而君 配關氏

宜玖 見上

上理 字紹純 號念涯 配周氏

明昌 字太奇 號華珍 配黃氏

萬祿 字國堯 號清源 配關氏

萬藻 字國邃 號岳源 配關氏

伋 見上

善明 字惟存 配李氏

偉 見上

善誨 字惟忠 配關氏

善訓 字惟伊 配陳氏

善誠 字惟彤 配李氏

俊 見上

善慶 字惟積 號直吾 配李氏

□□ 字耀光 號碧東 配黎氏 繼馮氏

□□ 字景茂 配張氏

□□ 字景瑞 配戴氏

□□ 字景祥 配伍氏

文昭 字顯廷 號湛熙 配李氏

文信 字俊廷 號聯熙 配李氏

文興 字璦章 配吳氏

文郁 字瓊章 配吳氏

文友 字協蘭 配□氏 有子居香山小

南海九江朱氏家譜

善庚
字惟倉
號念吾
配陳氏
繼曾氏

□□
字耀華
配潘氏

□□
字耀初
配周氏

文經
字綸章
配吳氏

文秀
字翰章

文榮
字華章
號華東
配譚氏

文裕
字象廷
配程氏

文略
字偉廷
配麥氏

文潤
字彩廷
配廖氏

欖

□□　字耀芝　配潘氏

誥　見上

善廣　字惟敬　號敬吾　配冼氏

□□　字耀祺　配李氏

寵　字君任　號念溪　配李氏

洪勳　字□□　配□氏

如孫　字衍裔　配關氏

良德　原名宸　字君熙　號鎮南　庠生　配李氏

天佐　字贊甫

天佑　字襄甫

賓　字君相　號碧江　配岑氏

健　字體立　配李氏　立如元繼

如元　字衍始　配曾氏

謨　見上

宏　字伯載　號文屏　配劉氏

端志　原名端至字自吳配馮氏謹按自吳公名鄉志作至端誤據舊譜脩

夢偉　原名如林字從翰號峻閣兩科武舉守備配□氏謹按峻閣公字號官履舊譜闕注據鄉志及海山公永兆堂記增入

端御　字自李　號中淵　庠生配麥氏

如桐　字嶧陽　號培灣　配陳氏

樵
字叔祥
號攢雲
庠生配
馮氏
謹按攢
雲公或
名樵祖
附著於
此

端儒
字自魯
號都嬌
配岑氏

端士
字孟周
號荊門
庠生配
馮氏繼
蒙氏

端夫
字仲男
配許氏
繼孔氏

如岡
字鼎峙
號秀峯
配關氏

如川
字叔元
號東湖
配關氏

如瑎
更名匡
字遠公
配周氏

如珩
字廷白
配宋氏

如璉
字其器
號崑璞
配余氏

如玠
字瑞林
配岑氏

完
字季美號白岳廩生徵貢配陳氏
謹按白岳公廩生徵貢據鄉志及世紀增注

端履
字惟素庠生配羅氏繼崔氏

端揆
字有道號見庵指揮使世襲配

如璜
字惠林配李氏

應昌
字伯熾號清時配梁氏

應夢

應祥
應夢應祥並據白岳公墓碑補入

應響
字永聲號于天配陳氏

應聲

應鐘
應鐘應聲應
蕭氏墓碑補入

蕭氏
謹按見
庵公妻
氏官履
舊譜闕
誤據蕭
氏墓碑
及世紀
補正

建勳
原名弁
字文祥
號赤城
三科武
舉守備
配歐氏
謹按
赤城公
守備據
鄉志及
世紀增
注

端表
字□□
配□氏

如元
繼山
健

如斗
字旋樞
配□氏

諫 見上

大騄 字君御 號粤洲 配曾氏

大驥 字君良 號元洲 配陳氏

詵 見上

鼎 字朝器 號美吾 配陳氏

天敘 字敦甫 號儁石 配嚴氏

天秩 字崇禮 號雲松 配曾氏

天成 字崇岳 號雲石 配郭氏

觀應 字瞻徵 號泉明 配郭氏

昌時 字道亨 號谷芳 庠生 配關氏 繼關氏

官舜 字堯賓 配張氏

官耀
字瞻榮
配張氏

官偉
字瞻大
號長明
配關氏

官逢
字寅兆
配李氏

默
字朝章
號華亭
配陳氏

嗣科
字崇捷
號舞雩
配劉氏

嗣賢
字崇肖
號心亭

觀潤
字瞻餘
號長華
配關氏
庶潘氏

觀法
字瞻象
配曾氏

配陳氏

諒
見上

點
字子與
號志童
配張氏

憲
字子宗
號平洲
配關氏

密
字子慎
號靜吾
配鄧氏

□龍
字東甫
配關氏

瑞龍
字利甫
號震岳
配關氏

雲龍
字仲明
號清海
配曾氏

聖明
字鬫舉
配黃氏

舜來
字堯舉
號懷岳
配關氏

尹來
字湯舉
號雲海
配關氏

官來
字伯舉
號陛侯
配張氏
繼古氏

諶
見上

宇
字子洪
號樂吾
配任氏

紀龍
字皇翼
號挺吾
配關氏

帝眷
字任舉
號九界
配黃氏
繼陳氏
李氏

貴
字朝色
號華洲
配關氏

聯芳
字明卿
配張氏

國英
字日君
號廣山
配胡氏

傳芳
字有師
配關氏
繼張氏

國芬
字日華
號東美
配關氏

連芳
字芝卿
號九日
配張氏

流芳
字上卿
配黃氏

詠

見上

兆禎 字開先 號五嶺 配李氏

兆祥 字呈先 配張氏

謣

見上

翹薦 字鳴台 號九萬 配郭氏

世禎 字子瑞 號懋庵 武生 配曾氏 謹按懋庵公武生舊譜失考據世紀增注

德裕 字兆謙 配郭氏

德隆 字兆觀 配鄧氏

翹□ 字□□ 配□氏

世□ 字子統 配曾氏

尹容 字兆登 配關氏

讓 見上

田 字可易號莘犂增生贈中書舍人配李氏封孺人庶方氏

世□ 字子恩配侯氏

尹賢 字斯元

尹荏 字承先配張氏

伯蓮 字子敬號淨煥乙榜進士給事中配陸氏封孺人庶李氏林氏梅氏

培源 字惠脩號惠山副貢配吳氏庶蘇氏李氏

培涫 字令脩

協蓮 字子勤號庇亭庠生配盧氏庶周氏李氏女十

元英 原名培泓字澄脩號嘯峯歲貢配蕭氏庶程氏

姑細姑
嬸姑並
旌表節
烈謹
按庇亭
公一門
節烈據
省府縣
志增注

保蓮
字子祐
號樂琴
配黃氏

儀蓮
字子習
號毅庵
庠生優
行配蘇

培淑
字燕脩
配何氏

培湘
字楚脩
配岑氏

培灌
字𥛚脩
號若魯
配曾氏

培澍
字和脩
號時霖
配余氏

夢熊
字端脩
號鍾陽
武生配
何氏庶

黎氏

氏

岑氏謹按端脩公號舊譜闕注據本墓誌增入

疇
又名道復字可敍號箕作廬生

公蓮
字子香

實蓮
字子潔號微龕

培燦
字璋脩配李氏

培漢
字崙脩號龍池配陳氏

培溶
字喜脩配黎氏

國薦
字受子廕助教

封知縣
贈侍郎
配易氏
封孺人
贈淑人
謹按
箕作公
又名道
復據綱
菴公墓
碑增注

舉人郎
中贈侍
郎諡烈
愍配區
氏封孺
人晉宜
人加封
淑人庶
蒲氏

會蓮
字子茂
號松濤
庠生推
官配蒙
氏繼彭
氏庶鄧
氏羅氏
謹按
松濤公
繼彭氏
據本墓
誌增注

配關氏

國謌
字吉子
號峩山
廕錦衣
千戶世
襲配陳
氏

國藻
字延子
號振崖
配仇氏
謹按
延子公
號舊譜
闕注據
本墓碑
增入

鴻飛
字儁子
號自得

武生配陳氏

國荃 字寗子 配關氏

國芃 字雲子 號仙如 配關氏

國芾 字召子 配崔氏

賓揚 原名甸 字可言 號則明 庠生優行 配羅氏 繼梁

觀蓮 字子廉 配馮氏

國相 字亮子 配關氏

現蓮 字子亭 配歐陽

國枉 字元子 號南樂

氏庶鄧氏則謹按明公原名向據綱庵公墓碑及世紀增注庶鄧氏據本墓誌增注

晙

字周可號懷玉配曾氏玉懷謹按玉公鄉志有傳附著於此

觀蓮

氏守節

字子勤配譚氏

叔蓮

字子度號飛泉游擊配鄧氏繼黃氏謹按飛泉公游擊舊譜闕注據鄉志及

國贊

字元化配黃氏

配關氏

灼

字元朗配關氏

烜

字元士號閒樂贊禮生配馮氏

世紀增入

明蓮　字子闇

振蓮　字子敓　號華千　配張氏

焯　出繼世蓮

昌勝　字元文　武生　配郭氏

熾　字元昌　號雲露　配黃氏　庶鄭氏

爽　字元貞　配關氏

燗　字元京　號靜齋　配關氏　繼關氏

世蓮
字子奕
配梁氏
立焯繼

期蓮
字子愛
號長齡
庠生
行優
配溫氏

焜
字元廣
號雲參
配陳氏
繼黃氏

焯
字元勳
配黃氏

燮
字平君
號理齋
配黃氏

炖
字裕君
號存心
贊禮生
配馮氏

謀 見上

畇
字可理
號存吾
配胡氏

朝瑞
字子信
號玉桓
庠生配曾氏

朝琚
字子恒
號直心
配梁氏
繼周氏

丙曦
字寅暘
號嘉霖
配關氏

午曦
字麗暘
配□氏
外出羅定

卯曦
字艮暘
號岳台
配陳氏

巳曦
字仰明
配黃氏

焻
字成君
號璞珍
配陳氏
繼彭氏

學章 見上

畊 字可相 號歷吾 配馮氏

朝玟 字子石 配梁氏 立癸曦繼

癸曦 字東存 配吳氏

癸曦 出繼朝玟

稷 字可育 號著延 配黎氏

朝珪 字子邕 配曾氏

乙曦 字曉卿 號看我 配關氏

必選 字宏舉 號拔江 配曾氏

起朝 字榮爵 配關氏

如軫 字建翼 號運我 配吳氏

如軾 字建瞻 號接坡 配黃氏 繼梁氏

必逢 字宏際 號會泉

起沛 字漢之 號青玉

配葉氏

必遂 字宏忠 號養吾 庠生 配丁氏

必連 字宏魯 號壽吾 改號盛泉 配關氏

配馮氏

起泮 字育之 號定江 配羅氏

起乾 字健之 號天行 配周氏

起坤 字順之 號春靄 配壬氏

起雷 字鳴之 配關氏

起新 字作之 配黃氏

汝賢 字建立 號省我 配梁氏

汝傑 字建英 號國雄 配劉氏

開發 字象珍 配馮氏

起安 字資之 配梁氏

日貴 字象榮 配梁氏

日進 字象華 配劉氏

謹按象榮象華二公名諱舊譜並闕據原主脩

學裕 見上

必進 字宏序 號約軒 配周氏

起聖 字化甫 配李氏

如珍

必遠 字宏任 號朴吾 配陳氏

起林 字茂甫 配關氏

學能 見上

悅仁 見上

必湜 字宏效 號端吾 庠生 配康氏

起亨 字光卿 配曾氏

如瓊 字建林 配關氏

必運 字宏啟 號冲元 配馮氏

之聘 字伯衡 配李氏 祔食

必造 字叔誠 號紹村 配關氏

必遒 字叔政 號正齋 配張氏 旌節

龍齡 字飛卿 號騰一 配關氏 庶李氏

啟陽 字曉君 號仁天 配陳氏

必逾 字叔超 號紫閣 配關氏

遐 原名必遐字叔華號石室庠生 配陳氏 庶黃氏

龍德 字霖卿 號時化 配曾氏

龍□ 字濟之 配張氏

陽命 字見心 配關氏

啟□ 字順熙 配關氏

啟先

啟後 字裕甫 配關氏

啟祐 字怡廣 配關氏

學勉 見上

必遙 字紹震 號太行

光翰

配譚氏

必適
字紹禹
號質吾
配黄氏

嘉麒
字美燦
號有生
配張氏
庶梅氏
區氏
謹按庶梅氏據原主增注

田眞
字墳子
號東怡
配庠生關氏

必迴
字宏眞
號節吾
配李氏

家爵
字承詔
號栖霞
配張氏

汝霖
字民望
號若雨
配陸氏
謹按舊譜作汝臨誤據原主更正

學求見上

必迎字希就號就所配關氏

必溝字希悦號碧山配馮氏

萬春字茂卿號二竹配郭氏

光宸字子占配吳氏

光弼字子教配余氏

孔禎字瑞開配吳氏

孔祥字瑞良

孔祐字非妄號和明配關氏

壽祖字震榮配陳氏

壽寀字震康配關氏

壽先字震甫配關氏

壽志 字震揚 配關氏

壽連 字震清 配關氏

必顯 原名必遺字宏明號清揚 配陳氏 謹按清揚公原名必遺據仰柏公墓誌增注

泰來 字子龍號純逸 配陳氏

孔韜 字時濟號志夫 配關氏

必适 字希容號雲端

遇龍 字子見號梯雲

兆甲 字俊甫

配劉氏

學濂 見上

凌冲 原名必遇字宏會號太一增生封知縣配關氏贈孺人 謹按太一公增生封贈據鄉志及世紀增注

配陳氏

光祖 字象之號海若舉人通判配周氏封孺人 謹按海若公通判周氏受封據鄉志及世紀增注又按廣東阮通志選舉表作凌霄子誤

汝楫 字悅濟庠生配郭氏

汝梅 字悅羹號雲淨配何氏

汝璇 字悅佩號純玉配譚氏 謹按舊譜作汝旋誤據原主更正

凌霄 原名必迪字宏

光允 字嗣之號松蘿

汝枏 字木長號頑仙

惠 號湛一舉人知州署知府配曾氏封孺人謹按湛一公知州署知府曾氏受封據勅書及鄉志世紀本墓誌增注

舉人員外郎配陳氏庶張氏松謹按松蘿公員外郎據湛源公墓誌增注

光衡 字開之號開雲廩生配譚氏

庠生配盧氏

汝杞 字仲木號怡泉配胡氏

禧龍 原名汝棟字居壯號南軒庠生配陳氏

汝桀 字符斌配□氏

學懋 見上

必遜 字宏禮號復庵

天定 字勝之號含素

錫珍 字伯瑗號抱璞

儒士冠帶配郭氏繼曾氏謹按復庵公儒士冠帶據龜臺公墓誌增注

配關氏

錫珙
配譚氏庶關氏謹按抱璞公庶關氏據原主增注

錫珙
出繼天宲

天宲
字亮之號養素配余氏立錫珙繼謹按舊譜作陳氏誤據原主更正

錫珙
字仲璽配曾氏

際泰
原名必才字宏

天祺
字景之配曾氏

錫芬
字芳聲號雲郁

俊　號同　壼庠生　配關氏

天祐　字受之　配盧氏

配陳氏

必登　字宏先　號華岳　配程氏

轡　原名天恩　字澤之　號貞明　庠生　配潘氏

錫袞

錫扆　字穎周　配黃氏

瑞珍　原名天憲　字式之　號適枝　庠生　配曾氏

錫元　字贊服　號佩華　配關氏

天㥓　字行之　號四明　配黃氏

錫度　字法似

天應 字興之 號居南 配梁氏

錫賡 字秉康 號堅白 配關氏

必昌 字君熾 號完真 配王氏 繼盧氏

天現 字璋玉 配黃氏

錫禎 字元兆 配口氏 有子外出

錫壽 字元生

必隆 字君美 號太和 序班 配關氏 謹按太和公序班據臺公墓誌增注

天鈺 字全之

學時 見上

之麟 字治昭 號靈一

世耀 字子熙 號朗庵

汝標 字錦生 號秀槐

配伍氏
繼麥氏

配關氏

世韶
字子齊
號盛庵
配梁氏
謹按
舊譜作
世昭誤
據本墓
碑更正

配馮氏

汝植
字達生
號秀存
配陳氏

汝松
據朗庵
公墓碑
補入

汝柱
字國生
配□氏

汝機
字定生
號遠華
配鄧氏

汝椆
據盛庵
公墓碑
補入

昌期見上

之鸞 字宏瑞 號兆吾 序班配關氏繼周氏 謹按兆吾公序班據世紀增注配關氏據原主補入

之鴻 字宏逵 號雁峯

世豪 字子英 號睿庵 配關氏繼曾氏

若德 字子懿 號民彝 配曾氏

若仁 字子歸 號懷峯

鼎銓 字敏生 配余氏

汝芝 字慶生 配劉氏

秉忠 字允生 配吳氏

配黃氏
繼[illegible]氏
謹按公曾孫宗元康熙乙酉鄉試卷作岸峯與舊譜異附著於此

配黃氏

若義
字子充
號省峯
配關氏

汝菁
字茂生
配關氏

若聖
字子輝
號魯庵
庠生
配程氏
繼馮氏

夢錫
字帝生
配曾氏

緯
原名夢陽字明生號耀昆庠生
配關氏

若神
字子渾
號開然
配岑氏
庶陳氏
潘氏
謹按庶

啟賢
字敬生
配關氏

啟艮
字顯生
配關氏

湋 見上

繼鵬 字翘南 配崔氏

繼鶚 字翘薦 號襟宇 配關氏

若純 字子素 號杉庵 配曾氏

潘氏據本墓碑補入

應爵 字朴我 配黄氏

應璜 字起祥 號昆明 配關氏

應麟 字起新 號敬吾 配鄭氏

佐明 字贊生 號參可 配嚴氏

仲倫 字伯常 配宋氏

思孔 字克聖 配劉氏

師儒 字伯正 配陳氏 繼岑氏

師賢 字伯卿 配曾氏

學度 見上

繼鳳

原名家顯字肖陽號惺宇又號五如稟生配陳氏謹按惺宇公原名家顯據

璧

字乾章號楚穀庠生配陳氏繼霍氏

環

字乾中號英巨配曾氏

應龍

又名應科字起發號譜雲配黃氏謹按譜雲公又名應科據原主增注

繼徐氏

師聖

字克隆號開業配黃氏繼李氏

師盛

字克大號德業配關氏

明說

字帝甫號汪如配關氏繼陳氏

明卿

字次侯號錫伯配陳氏

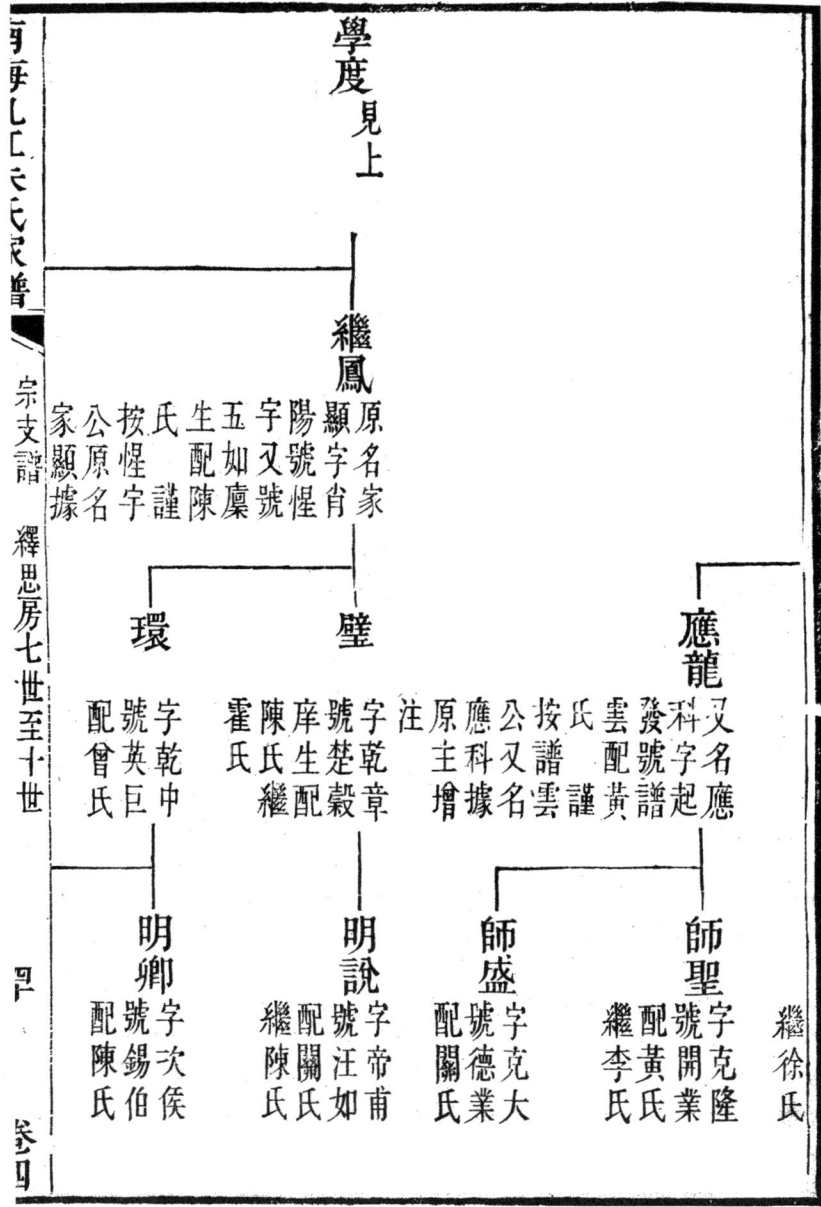

世紀增注及號五如據本墓誌增注

繼芳

原名家榮字肖恩號涵宇庠生配曾氏
謹按涵宇公原名家榮據世紀增注

宴

字乾泰號雲漪庠生配譚氏
謹按舊譜作晏誤據本墓誌及粵軒涵宇二公墓誌更正

明艮
字次賡配李氏

明華
字茂甫號仰文配關氏

國臣
字世甫號南喬庠生配關氏

國材
字雋甫號四古歲貢訓導配曾氏

國權
字衡甫號南平

瑤
字乾淸
配黃氏
謹按
舊譜作李氏誤據涵宇公墓誌更正

國柱
字石甫
配黃氏

配何氏
繼戴氏

國維
字持甫
號杜康
配關氏
謹按
舊譜作黃氏誤據涵宇公墓誌更正

國綱
字亮甫
配明氏

家聘
字肖湯
號海玉
配陳氏

琰
字乾珍
號東明
配周氏
繼關氏

國紀
字獻甫
配馮氏

國經
字理甫
配曾氏

殿魁
字梅長
號正軒
配關氏

殿佐
字輔長
號直軒
配關氏
祔食

殿賴
字恩長
配岑氏
繼曾氏
關氏

璐
字乾寶
號龍巖
配關氏

殿采
字白長
號純一
配關氏

殿賡
字載長
號見齋
配關氏
繼程氏

殿昇
字奏卿
號最齋
配曾氏

殿孚
字光卿
號樂餘
庠生配
余氏
謹按樂
餘公庠

璿衡
字乾齊號雲庵庠生配關氏

殿獻
字賢卿號藍隱配關氏

生舊譜失考據本墓誌增注

鴻讚
原名熊翼字夢卿號羽王配曾氏

鴻謨
原名熊顯字貽卿號純軒配潘氏

潙訓 原名熊詵字昭卿號吴心配關氏謹按熊夢熊貽熊詵並據海玉公墓誌增注

璣 字乾偉 號洞閒 配關氏

洪任 字聖卿 號統緒 配鄭氏

洪俊 字德卿 配程氏

洪傑 字鍾卿 配葉氏

潤 見上

繼惇 字省典 號貞行 配黎氏

繼皋 字省舉 號賡廷 配關氏

元翰 字乾貞 配關氏（繼惇子）

元勳 字乾德 號雲龍 配關氏（繼皋子）

元拱 字秉珩 號念齋 配陳氏（繼皋子）

夢吉 字兆甫 號朝贊 配張氏（元翰子）

夢登 字高甫 號直興 配關氏（元翰子）

夢新 字穎甫 號直成 配陳氏（元勳子）

夢桂 字奇甫 號[illegible]先 配黎氏（元勳子）

良佐（元拱子）

良拔 字侯甫（元拱子）

學成 見上

源 字宏直

混 字宏昭 號華居 配陳氏

漣 出繼學新

學新 見上 立一漣繼

漣 字宏友 號念池 配吳氏

芳 字汝仁 號斗望 配曾氏

英 字汝聖 號廣祚 配陳氏 謹按 舊譜作字學聖 誤 據原主更正

鳴周 字岐生 號敬望 配關氏

鳴皋 字聲甫 配陳氏

建德 字會成 號敬我 配鄧氏

建溫 字會和 配李氏

建盛 字會富 號秀我 配鄧氏

- 端紀 字汝□ 配陳氏
  - 義益 字奕騰 號飛雲 配招氏

學蘊 見上

- 繼熹 字君志 號瑞吾 配關氏
  - 啟元 字汝亨 號通宇 配黃氏
    - 翰藩 字鎮興 配張氏
- 述熹 字君禮 號東一 配關氏 旌節
  - 阿日 殤
- 纘熹 字君緒 號心平 配張氏
  - 啟祚 字汝成 號界直 配關氏
    - 熾生 字昌甫 號積庵 配關氏
- 肖熹 字君建 號湛吾 配黎氏
  - 名啟 字汝龍 配關氏
    - 翰祥 字象興 配張氏

學益 見上

儒彬 字宏彥 號丹葵 庠生 配潘氏

儒相 字宏宰 號寅所 配陳氏

儒校 字宏教 號懷波 配林氏

雲路 字爾蟾 號青梯 庠生 配麥氏

雲鶚 字爾沖 配曾氏

雲祥 字爾禎 配張氏

翰芳 字象升 號直南 配簡氏

承宣 字力臣 號平原 配鄭氏

承錫 字宗臣 配關氏

承乾 字健臣 配關氏

承鼎 字定臣 配關氏

學業見上

儒蘭字宏芝
號清濤

雲仍字爾漢
號斗瞻

萬全字策臣
配張氏

雲蛟字爾贊
配岑氏

承漸字進臣
配黃氏

承寵字枉臣
號枉石
配梅氏

承賁字翰臣
配關氏

承豫字遇臣
配林氏

承龍字瑞臣
配關氏

配盧氏

配黃氏

昌祚
字超庶
配李氏

之煥
原名儒桂字宏芳號太赤庠生
配劉氏

雲同
字曰生號斐君
配陳氏
繼陳氏

昌圖
字羲錄號文卿
配曾氏

昌翰
字章一
配吳氏

昌瑞
字國一號超庵
配鄭氏

雲霖
字曰注
配關氏

昌忠
殤

南海九江朱氏家譜

雲齊 字日思

雲連 字鼇生 號一六 配梁氏

昌言 字禹公 號拜庵 配陳氏 繼陳氏

昌睿 字知公

昌瑶 字佩公 號伊石 配關氏

昌馨 字寗公 號兒貞 配關氏 繼潘氏

昌賢 字見公 號江陵

配梅氏

光圻　原名昌京字瑗公邑冠軍旋歿

昌清　字渭公　號南谷　配關氏

儒棠　字宏正　號紫源　配周氏

雲翼　字伯敵　號振飛　配關氏　庶劉氏

善慶　更名洪　字元渝　配關氏

雲翅　字伯開　配陳氏　庶劉氏

士雄　字芝卿　配關氏

學猷見上

學勤見上

儒椅 字宏重 號臥南 配關氏

儒標 字君法 號居連 庠生 配李氏

雲起 字鳳興 號翥軒 配曾氏

雲從 字會卿 號茹亭 配周氏

士賢 字文蚤 配關氏

士恒 字文脩 配葉氏

亨永 字郁文 號法亭 配左氏

亨貴 字敬文 號接熙 配盧氏

學健見上

儒楷字君憲號居陽配陳氏

雲際字程會配林氏

夢熊

儒栴字宏卓號午門配明氏

雲現字玉繩號射斗配關氏

長齡字海籌配郭氏

雲瑛字玉露號如怡配盧氏

東齡字倩籌號思桃配關氏

彭齡字賢籌配黃氏

雲琦字玉偉配陳氏

顥齡字廣籌配梁氏

學就見上

家衍字肖澤號柱陽

艮昇字子朗配關氏

昌榮字仁譽配張氏

配吳氏

悅禮見上

家忠 字廷禎 號瑞東 配關氏

孟槐 字公兆 配陳氏

昌龍 字克長 配李氏 庶曾氏

昌□ 字進長 配李氏

謹按進長公爲公兆公次子配李氏舊譜漏載據原主補入至其名則無可考

昌乾 字儀長 配曾氏

繼張氏

仲槐 字公魯 號艮樂 配陳氏

叔槐 字公振 號東樂 配關氏

昌鳳 字朝長 配岑氏 庶鄭氏

昌元

昌連 字熾大 號藏叟 配關氏

壽楊 字耀明 號南望 配馮氏 繼張氏

壽分 字耀君 配關氏

家□
字□□
號紫芝
配黃氏
謹按紫芝公爲蘭峯公次子配黃氏舊譜漏載據原主補入至名字

壽林
字耀秀
配張氏
繼陳氏

壽珍
字耀寶
配彭氏
庶關氏

壽艮
字耀長
配關氏

學守見上

——用瓚 則無可考據前塘公墓碑補入

學宣見上

——用璋字宏廣配梁氏——日榮字爾爵配關氏——麟瑞字祥甫配關氏

建倫見上

——用勝字宏定配黄氏——日富字爾壽配陳氏——麟貴字賢甫配陳氏

建謀見上

——用端字宏度配陳氏——日安字爾居號海逸配關氏——麟貞字汝奇配岑氏

——日洪字爾柏配鄧氏——麟連字榮甫配莫氏

建陽見上立全綱繼

全綱字君儒配陳氏

光象字爾輝配梁氏

麟意字日甫配李氏

建能見上

尙綱字君闇號青日配黄氏

光乾字爾開配關氏

麟相字占甫配李氏

麟林字昭甫配關氏

建績見上

□綱字君□配□氏

光祿外出高明

務綱字君吾配關氏

象生字爾異號紀庵配何氏

允才字傑士配盧氏

天寶字孟成配曾氏

汝穀字堯章配關氏

汝登

十世

承統 見上

全絅 出繼建陽

十一世

應隆 字孟祥 配陳氏

應昌 字兆祥 配陳氏

十二世

正色 字嘉先 配關氏

德勝 字卓賓 號立齋 配關氏

十三世

殿元 原名長枝 字繹寵 配關氏 繼黃氏

二枝 外出南寧

長林 字繹贊 配黃氏

雨吉 字繹騰 配鄭氏

錫吉 字裕騰 配關氏

光傑見上

應明 字國開 號直吾 配黃氏

景明 字國昇 號正源 配關氏 繼鄭氏

德浩 字榮先 配關氏

德報 字恩先 配關氏 立元俊 繼

德成 字茂先 配關氏 庶張氏

殿長 字實侯 配吳氏 繼曾氏

殿官 字遇侯 配關氏

殿敬 字帝侯 配曾氏 庶李氏

元俊 字英鼇 配關氏

元俊 出繼德報

元佐 字靄鼇

- 賚明 字國良 號天一 配關氏 繼曾氏 庶楊氏
  - 德蘊 字朝先 配陳氏
  - 德覲 字廣先 號仁居 配關氏
    - 元科 字聖侯 號睿君 配何氏 繼黃氏
    - 元慶 字衍侯 號敬泉 配李氏
  - 德性 字恒先 配梁氏
    - 閏生

- 鎮統 見上
  - 裔登 字應時 配曾氏
    - 德新 字迪賓 配關氏
      - 逢秋 字順長 配劉氏

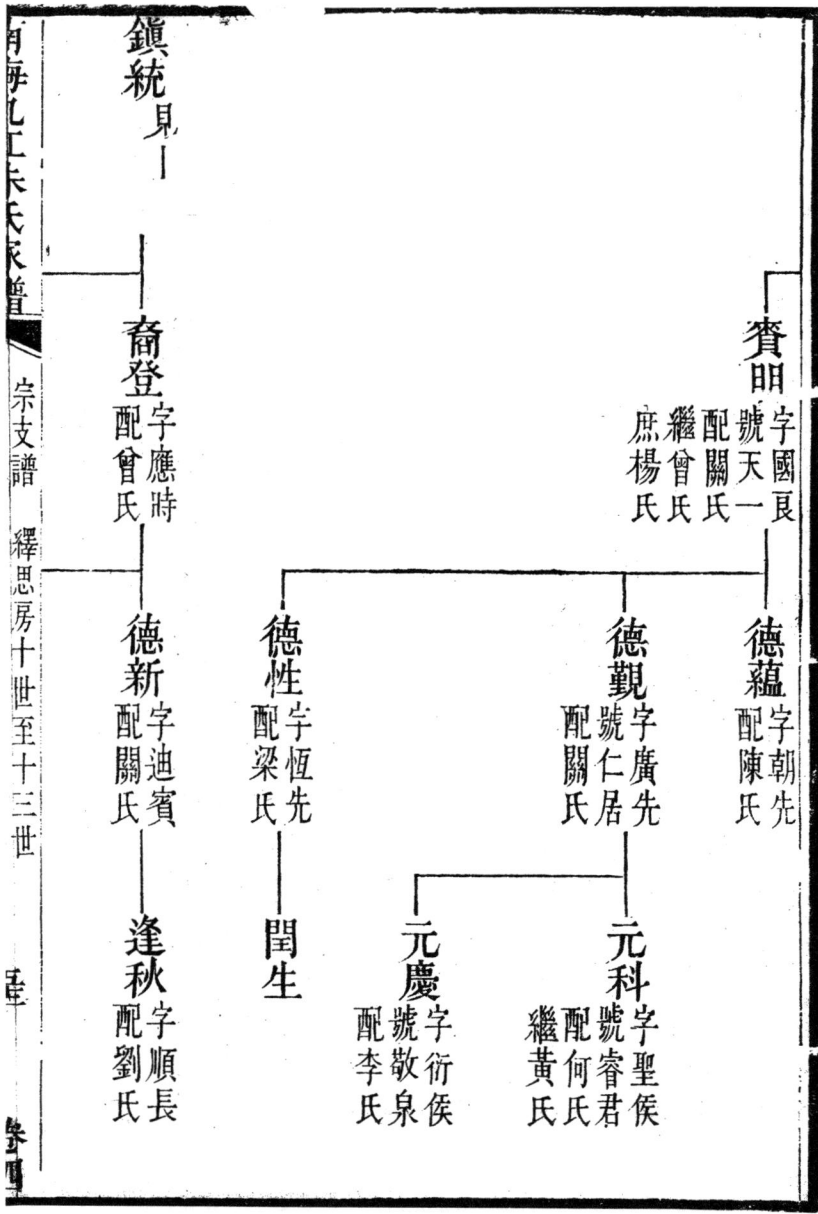

華統 見上

裔卿 字應五 號世明 配關氏

裔禎 字應兆 改字宏祀 號積吾 配黎氏

德輝 字耀賓 配關氏

德純 字瑞賓 號玉山 配鄭氏 繼曾氏

德賢 字作賓 號木解 配鄭氏 立士日繼

德望 字渭賓 號南渭 配鄭氏

長游 字從長 配關氏

長泰 字登長 號東山 配劉氏

士日 字尹長

士日 出繼德賢

士魁 字華長 配關氏

德壽 字上賓 配關氏 繼鄭氏 陳氏

光祿 字明長

融和 見上

麟角 字國振 配關氏

德合

正洪 見上

瑞昌 字應傑 配明氏

德連 字宣元 配何氏

澄榕 字蔭清 號榕莊 貤贈州同 配黃氏 貤贈安人

澄樟

澄松 原名七弟 字亮清 號胡柏

正治 見上

官允 字敷錫 號惠林 配關氏 繼潘氏

德捷 字進先 配黎氏

澄枏 字幹清 配關氏

德興 字存先 配□氏

德鑑 字澄賓 配宋氏

爾郎

德銓 字衡賓 配陳氏

長執

德基 字聚先 號奎五 配關氏

元騏 又名元期 字鵬天 號翼舒 配曾氏

文奇見上

鸞朝字應梠 號愛林 配關氏

鳳朝字應槐 號敬林 配岑氏 繼鄭氏

德論字學賓 配李氏

德語字信賓 號純庵 配關氏 庶關氏

元駱又名新期 字儒天 配關氏

長盛字昌漢 配李氏

長元字善漢 配潘氏

長正字翔漢 配關氏

岳湖字華漢 配關氏

岳秀字崙漢 配關氏

文昭 見上

壽連 字如松 號上椿 配關氏

戊昌 字隆長 配關氏

丙昌 字仁長 配曾氏

庶胡氏

岳陽 字凌漢 配梁氏

孔孫 字喬先 配張氏

榮孫 字耀先 配曾氏

華孫 字贊先 號厚泉 配岑氏

富孫 字盈先 配關氏

夢齡 字才長 配關氏
- 貴孫 字揚先 配張氏
- 卯孫 字振先 配關氏
- 勝孫 字雄先

文曜 見上
- 延昇 字去非 號定遠 武生 配陳氏
  - 鎮 字藩長 配張氏
    - 長緒 字繼先 配□氏
  - 銓 字任長 配張氏

文懿 見上
- 有裕 字凝九 號敬夫 配關氏
  - 麟輝 字翰仁 號南天 配關氏 繼陳氏
    - 長至 字超遠 配張氏

有覺 字凝惠 號澤夫 配關氏

有和 字凝運 號逸夫 配關氏

丙輝 字翰伯 配關氏

乾輝 字翰長 配關氏

聖輝 字翰歲 號逸章 配關氏

長萃 字英俊 配黃氏

廣智

廣義 字宜堂

廣參 字翼堂

長齡 字華遠

長芳 字桂遠 配黃氏

長茂 殤

長進 字登遠 號騰峯 配劉氏

長興 字位陞 號植懷

有□
字凝□
號念夫
配陳氏

有忠
字凝藎
號靖夫
配張氏

顯輝
字翰翔
號樂舒
配黄氏
繼黄氏

洪輝
字翰雲
配關氏

配黄氏

長貴
字卓遠
配胡氏

長英
殤

長聚
字饒遠
配關氏

福
原名長福字錫遠號景園庠生

文華見上

有□字凝會配□氏

調元字恒生號鵬飛配關氏

應麟字若球號懷飛配岑氏

配陳氏

長裕字容遠配胡氏繼關氏

秉信字敷遠配黄氏

己信字敷之配關氏

尙信字薦之配張氏

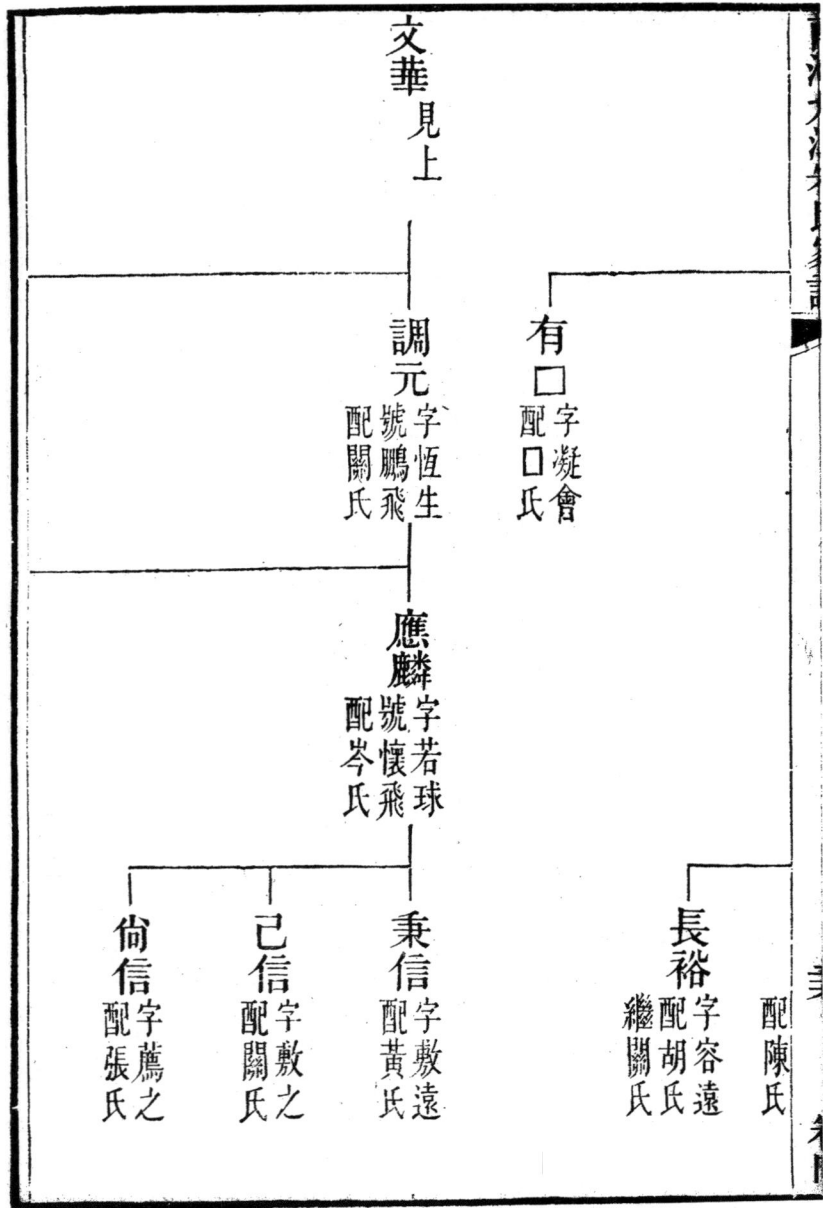

調卿　字燕生　號敬玉　配張氏　繼莫氏

調日　字燮生　號豐毓　配胡氏　繼邱氏

應聘　字殿球　配關氏

忠信　字純之　配張氏

顯奇　字燦偉　配關氏

顯成　字燦宗　配李氏

阿四　外出

帝賚　字夢簡　配關氏

帝錫　字昊簡　配關氏

阿滿

二滿

三滿　外出

四滿

祔食

帝豪 字賢祿 配曾氏 祔食

文緯 見上

鼎書 字瑞生 配關氏

珍物 字若先 配李氏

鼎學 字聖生 號少元 配關氏

相祐 字殿錫 配關氏

太開

太錢 字貫之 配尹氏

文璧 見上

學憲 字子生 號願素 配關氏

福昌 字兼五 配黃氏

學超 字葵生 配曾氏

福盛 字兼甫 配關氏

興進 字禧培 配李氏

文似 見上

學壽 字子明 配關氏

學貴 字子孔 配吳氏

學富 字子孟 配何氏

學章 字子闇 號顧絅 配左氏

福德 字正五 配□氏

福祺

福桂 字翰甫 配□氏

福儒

福多

福祚

福裕 字善甫 號逸艢 配李氏

新仔 外出

廷舉 字擢顯 配曾氏

萬舉 字德顯 號樂軒 配黃氏

- 永祚 見上
  - 鼎弼 字亮佐 配張氏
  - 鼎鼐 字秉均 號作南 配胡氏
  - 鼎望 字亮周 配關氏
    - 新魁 字喬客 配關氏
      - 秋元 外出高州
      - 二元 外出高州
      - 三元 外出高州
- 永允 見上
  - 鼎輔 字甫侯 配關氏
    - 嘉會 字喬熙 配□氏
      - 秋明 外出廣西北流
    - 嘉遇
  - 鼎翼 字申侯 配余氏
    - 嘉踐

- 逢立　見上
  - 鼎兆　字亮能　配關氏
    - 謀良　字喬幹　配關氏
      - 大儀
      - 鳳儀　字喬遠　配劉氏
    - 五良　字喬惠　配岑氏
      - 觀儀
- 帝龍　見上
  - 長法　字憲孟　號懷二　配關氏
    - 德盛　字培鼎　配譚氏
      - 景望　字廷瞻　配關氏
  - 祖法　字憲仲　配麥氏
  - 視法　字憲指　配宋氏
    - 德祥　字丕兆　號禎垣　配李氏
      - 志望　字允瞻　配關氏
      - 成望
    - 德禎　字丕瑞　配關氏
      - 掌望

雲龍 見上

遵法 字憲式 號樂灣 配吳氏 繼郭氏

德茂 字培伯 配陳氏

德亮 字丕朗 號清和 配關氏

德純 字丕文 配李氏

尚望

守望

奇望 字爵遷 號作連 配關氏

帝望 字巨遷 號叟萬 配張氏

興望

官望

旦望

登望 字雲遷 配張氏

科望

行法 字憲侯號樂莘庠生配關氏

正法 字憲章又字尚斌號樂賓配關氏 謹按樂賓

德宣 字丕著配岑氏繼劉氏

德宗 字丕士配關氏

德彩 字丕燦號我懷配潘氏

喬望 字聞遷配關氏

春望 字叢遷配關氏

京望

熙望 字和遷號得勤配關氏

冬望

廣望

信望 字昌朋配何氏

光望 字昌朝配張氏

公又字尙斌據本墓碑增注

存法 字憲周 號樂野

德藹 字丕承 號武江 配關氏

德乾 字配坤 配關氏

俊望 字昌廷 配張氏

□望 字昌霞 配關氏

有望 字昌遠 配關氏 庶黃氏

長望 字昌連 號樂軒 配關氏 庶黃氏

稈望 字鳴遷 號岐山

配陳氏

見龍 見上

應龍 見上

裕法 字憲諭 配曾氏

成法 字憲受 配黃氏

文元 字憲煥

科元 字憲原 號衍泗 配黃氏 繼何氏

德林 字丕俊 配關氏

斯來 字丕安 配關氏

德馨 字馥君 配黎氏 繼關氏

德連 字懿君 號狷庵

配劉氏

廷望 字闇遷 配張氏

國望

賢望 字聖遷 配張氏

靈望 字應遷 配曾氏

爾旋 字廷樞 配關氏

爾聰

爾玠

配梁氏
繼曾氏

爾璋 字廷獻 號斗恆
配鄭氏

爾球

德俞 字艮君 號純庵
配關氏

爾瑲

榮龍 見上

學元 字善子
配黎氏

運元 字聯子 號寄開
配關氏

榮登 見上

俊偉 字伯明
配胡氏

公顯 字聖長
配關氏
繼鄧氏

殿璋 字廷斌
配黄氏

俊秀 字伯芳 號新畬 配梁氏

公貴 字玉長 配岑氏

公禮 字智長 配曾氏 繼梁氏

公正 字端長 配梁氏

公惠 字信長 配黎氏

殿琛 字爵朝 配梁氏

殿琮 字贊朝 配黃氏

殿璣 字華聖 配張氏

榮達 見上

俊崧 字伯申 庠生 配

公章 字煥長 號平莊

殿珍 字廷亮 配關氏

黄氏立公章繼

配關氏

俊嶽 字伯呂 配鄧氏 繼黄氏

公儀 字威長 號儼亭 配黄氏

公章 出繼俊崧

公保 字祐長 配陳氏

殿珩 字廷雋 配黄氏

殿瑜 字廷奕 配關氏

殿瓚 字廷寶 號惟善 配鄧氏

殿昇 字廷桂 配關氏

殿賡 字廷喜 號直江

繼王氏
配周氏

殿颺
殿孫

俊成
俊超
俊成俊超並據寗我公墓碑補入

大鵬見上

奇報
字演初
號平邨
配鄭氏

艮璧
字廣玉
號彩現
配關氏

藍璧
字緣始
配關氏

錫郎
字祚長

鈞郎
字衡長
配關氏

遂郎

廓郎
字式宏
號樂閒

配關氏

惠郎 字愛宏 改字澤宏 配曾氏 繼區氏

大俊 見上

奇祐 字演箴 號植三 配黄氏

奇麟 字演芝 號蘭亭 配劉氏 繼關氏

華璧 字彩玉 配關氏

和璧 字晉玉 配關氏

士璧 字賢玉 配關氏

聯璧 字璿玉 配關氏

肇登 字善宏

肇昇 字書宏

家垣 字壯宏

家炳 字斐宏

奇勝 字演珩 號接廷 配鄭氏

官璧 字廷玉 配周氏 繼關氏

璵璧 字齊玉 配關氏

肇馨

趙璧 字國玉 配吳氏

大餘 見上

奇新 字演生 配黎氏

乘龍 字朝玉 配關氏

禮習

昌龍 字于天

大寧 見上

奇清 字演經 配關氏

琚璧 字燦玉 配黎氏

大耀見上

奇賓字演和配周氏

聯弟

大球見上

廷獻字演成配程氏

明新字廣德

大瓚見上

奇遇字演環配簡氏

奇登字演卿配陳氏

雲龍字日高配關氏

科弟

之進見上

奇文字騰英配鄧氏

王蕃 見上

奇玖 字騰光 配關氏

奇祚 字演允 號錫吾 配梁氏

喬年 字松茂 配關氏

彭年 字松齡 配關氏

永年 字松遐 配梁氏

遠年 字松儒 配關氏

元禎 字肇泰 配黄氏

元安 字聯泰 配關氏

元欽 字肇堯 號景唐 配關氏

元仰

元登

朝生
字演廷
號念吾
配關氏

慶年
字吴相
配關氏

元貴
字肇官
配關氏

庾年
字周相
配盧氏

王昭
見上

奇昌
字演隆
號卜五
配關氏
繼關氏
何氏

信年
字眞士
號純誠
配鄭氏
繼左氏

大成
字一孔
號慎江
配關氏
庶何氏

大智
字一聖
號靜江
配關氏
庶陳氏

大經 字定乾 號平江 配曾氏

倘年 字引士 號恬安 配梁氏

大綸 殤

大受 字定坤 號同江 配何氏

之倫 見上

奇球 字演宗 號行素 配關氏

可權 字宜士 配關氏

紹遠

世顯

奇珍 字演華 號秀華 配關氏

偉年 字列士 配關氏 繼關氏

茂林

奕年 字昌士 配馮氏

之鳳 見上

自成 字演起 配黃氏

萬年

王昌見上

奇英 字演廣 號一江 配李氏 繼曾氏

兆年 字豐魚 號吉祥 配梁氏

紹顯 字江泰 號湖山 配關氏 繼賴氏

秋年

王常見上

奇標 字演贊 號參化 配左氏

建年 字端士 配李氏

迎新 字聯輝 號樂山 配關氏

肇新 字連輝 號朝光 配張氏 繼李氏

浩新 字茂輝 配關氏

起泰 見上
奇生 字演祥 號貞遠 配黄氏
昭璧 字碧千 號恒遠 配曾氏
裔安 字紹宗 配曾氏

起昌 見上
參文 字演武 配張氏
帝擢 字寵千 配黎氏
其卓 字忠誠 號厚甫 配關氏

雲熙 見上
文宗 字景日 號起高 配黄氏
長仁 字華先 配張氏
聖忠 字進思 配周氏
聖連 出繼長智
長禮 字秋先 配馮氏
聖朝 字進邦 配周氏
聖宏
聖齊
聖祖

聖德

長智 字粹先 配黎氏 繼立聖連

聖連

長盛 字奕先 配黎氏

聖思

雲耀 見上

逢俊 字昇口 號登宇 配陳氏

上英 字殿賓 配曾氏

娛孟 字宗光 配關氏

上煥 字殿文 配鄧氏

逢賡 字熙日 號明宇 配黎氏

上秋 字鵬萬 配關氏

有德

雲光見上

逢運 字章日 配關氏

逢仙 字懷日 配陳氏

逢文 字信日 號誠宇 配余氏

上貴 字鵬高 配張氏

上東 字鵬大

上彩 字華源 配鄧氏

上孔

上詔 字錫翰 配鄧氏

謹按 舊譜作上沼誤 據毓宇公墓碑更正

閏貴

雲興 見上

逢登 字敬日 配關氏

上儒

逢潤 字培日 配關氏

上建

上立

逢傑 字豪日 號英宇 配關氏

上舉 字鵬九 配鄭氏

明孫

明寶 字昇光 號高秀 配關氏

上德 字鵬遠 配曾氏

明富

上進 字□□ 配□氏

明□ 字茂光 配□氏

雲寧見上

逢健字始日配關氏

上和字鵬智配曾氏

明□字謙光配□氏

逢達字陽日配梁氏

上聖字鵬超配岑氏

明貴字榮光配關氏

上賢字德純配關氏

明弟字朝光

明泗字耀光號月亭配羅氏繼盧氏

上智字□□配□氏

明新字顯光配□氏

雲炳見上

逢球字拱日號旋宇配關氏

上卿

雲嵩 見上

逢卿 字祥月 配劉氏

雲成 見上

逢科 字廷日 配張氏

上識

雲桐 見上

文起 字東日 配張氏

連科

有科

文玖 字瓊月

一匡 見上

逢開 字演錦 號南錫 配彭氏 立然璋繼

然璋 字帝先 號松林 配區氏

必名 字志參 配關氏

必通 字量參 配關氏

啟陽見上

- 逢瑞　字達洋　號乘波　配關氏
  - 然璋　出繼逢開
  - 允璋　字帝貞　配劉氏
    - 必遠　字德參　配岑氏
    - 必立　字建參　配曾氏
  - 玉璋　字帝官　號秉常　配黃氏
    - 必昇　字奕參　配余氏
- 逢清　字演韶　號靜波　配梁氏
  - 瓊璋　字文玉　配關氏
    - 國用　字廷參　配關氏
    - 國寧　字廷君　配關氏

必廣　字浩參　配關氏

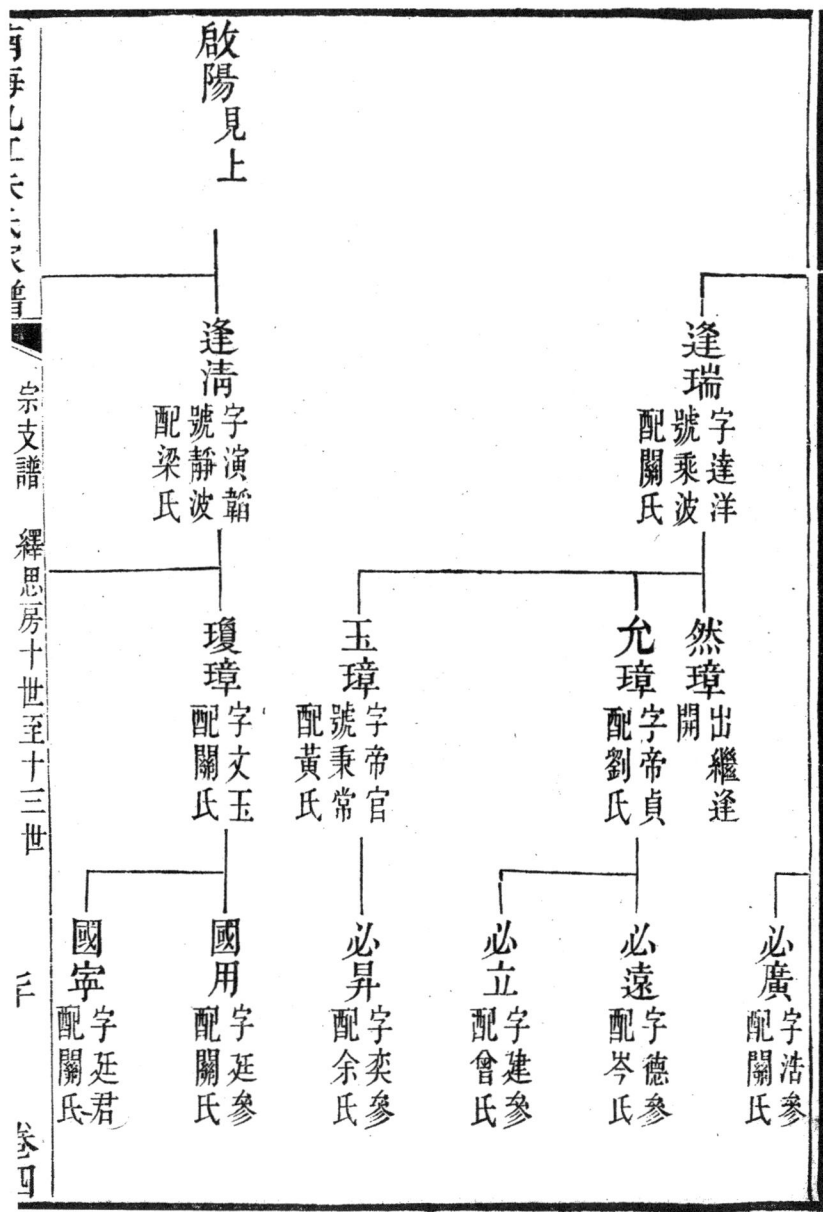

啟廷 見上

應世 見上

應鳳 見上

逢茂 字演伯 配鄧氏

逢遇 字演榮 配曾氏

逢任 字廷恩 配黃氏

逢先 字廷貴 配胡氏

逢盛 字演英 配關氏

俊璋 字文宅 配陸氏

錫璋

傑璋

耀璋 字文顯 配黃氏

景賢 字象啟 配陳氏

景大

景聖

景連

泰璋

國朝

德好 字世昌 號學周 配張氏

- 逢寶 字演璽 配關氏
  - 平璋 字秦璧 配關氏
    - 元聖 字昌期 號盛莊 配口氏
    - 元喜 殤
  - 煜璋 字帝華 配關氏
  - 彩璋 字國珍 號瓊臺 配李氏
    - 實南 字眷西 配關氏
    - 細實 殤
  - 元璋

- 應揚 見上
  - 逢勝 字演惠 配關氏
    - 璞璋
    - 裕璋

萬祿見上

宮桂 字性似 號東源 配關氏

秩燕

弼燕

宮蘭 字性生 號芝庵 配關氏

宗燕 字始一 配鄧氏

宮馨 字濱澤 號汪若 配關氏 庶成氏

嘉燕 字詒一 配關氏

瓊燕

連燕

松長 字茂生 號挺秀 配關氏 庶蘇氏

明燕

新燕

棨長 字華生 號若庵

喬燕 字宏一 配關氏

配關氏 外出

萬藻 見上

純長 字錦霞 配關氏

佳燕

超燕

隆燕

文信 見上

世祐 字時泰 配李氏

達科 字朝客 配郭氏

文郁 見上

社孫

成孫

有孫

文榮 見上

萬迪 字泰生 號接東 配關氏

大德 字四兼 配陳氏

近庭 字悅榮 配黃氏

近朝 字國榮 配曾氏

萬俊
字乾生
號信東
配傅氏

大成
字仲兼
配吳氏

大林
字遠兼
配麥氏

逢科
字魁明
號樂濱
配梁氏

近文

近章

近五

近元

近許

近武

連貴

連德

連慶

祉祐　字庇生　號漁伯　配曾氏

仕明　字佐朝　配胡氏

友通

德科　字振明　配鄭氏

逵昌

連雲

連輝

建科　字尙明　配黃氏

德明　字達延　配郭氏

甲第

庚第

辛第

乙第

建明 字振朝 配傅氏

慧明 字重朝 配李氏

文裕 見上

有積 字君泰 配傅氏

祉興

文畧 見上

有餘 字然進 配李氏

祉成

文潤 見上

觀戴

觀石

觀華 字明釆 號朗常 配梁氏

□□ 字炳朝 配梁氏 居新涌

貴芳 字秀儒 配吴氏

貴弟 字秀可 號平波

配梁氏
繼程氏

□□ 字建朝
配□氏
居大申
東海

阿時
阿恆
阿七

□□ 字廣朝
配梁氏

恆芳

如孫 見上
立朝鼎繼

朝鼎 字國文
配張氏
外出廣
西長洲

阿社

二社
阿社二
社並居
廣西長
洲

如元 見上

朝鼎 出繼如
孫

朝鼐 字國安
配陳氏
外出廣
西長洲

王保 居廣西
長洲

如桐見上

朝鼒出繼如斗

英標字夔伯武生配陳氏

之仁字長也號帳池配朱氏

觀緝字熙繼配關氏

觀結字繩儲配關氏

之義字和也配關氏

觀成

望成

之禮字會也配關氏

祥桂字爾卓配馮氏

祥松殤

如岡見上

自强字健子號用九

龍熙字朝瑞配關氏

如川見上

昌國 原名謙 字懷六 號相輝 游擊 配岑氏 庶曾氏 冼氏 謹按 相輝公原名謙 據世紀增注

配黃氏 立龍熙繼

龍徵 字嘉瑞 例州同 配鄧氏 謹按 嘉瑞公例州同 據都矯公墓誌增注

龍翔 字靈瑞 配關氏

兆奇 據東湖公墓碑補入

兆振 殤

兆鼇 字厚寀 配溫氏

兆慈 字士寀 配關氏

兆貴 字宁傑 配關氏

龍標 字超瑞 配岑氏 繼黃氏 —— 章成 又名一新

龍騰 字雲瑞 配關氏 繼梁氏 庶張氏 吳氏 —— 印端

龍德 字時瑞 號省齋 配陳氏 —— 上達 字喻明 號博賢 配關氏

龍起 字見瑞 配關氏 —— □□ 字紹揚 配岑氏

如瑎 見上 —— 薇郎 字殿芳 號拱宸 配黎氏 —— 正春 字和瑞 配陳氏 —— 晟曾

如珩見上

先龍字從芳　配梁氏

正霖

丙授

正茂字會瑞　配黎氏

昊會

如璭見上

先爵字公錫　配張氏

正秋殤

先登字公俊　配鄧氏

正光字廣熙　配關氏　庶黃氏

五仔字衍宗　號曠廷　配曾氏

美光外出新會

先富字公貴　配李氏

正年

仲年

如玠見上

仙貴字友璘　配黃氏

夢長字紹齡　配關氏

仙耀 字友珍 配鄭氏 庶梁氏

夢聖 字紹周 配岑氏

夢賢 字紹端 配曾氏

龍熙 出繼自强

夢玖 字志恒

贊廷 字弼猷 配劉氏 繼曾氏

偉 字煥南 配□氏

□ 字昇南 配曾氏

如璜見上

先名字公信
配黄氏

士盛字廣業
配黄氏

士茂字廣松

先聖字煥蒸
配梁氏

□字茂南
配張氏

應昌見上

時行據白岳
公墓碑
補入

時成字物生
號天行
配黄氏

福興

福長

時達字直生
號上賢

蓮芳字衡茂
配潘氏

桂秋字爵光
號美池

配梁氏

桂昌 字盛光 號明池 配關氏

配鄧氏

應響 見上

祖壽 字彭宗 配曾氏

阿三

如斗 見上立朝鼐繼

朝鼐 字國章 配李氏 外出廣西長洲

天保

帝保 天保帝保並居廣西長洲

觀應 見上立起師繼

秉乾 字綬子

起昌 原名若乾字文輝武生 配關氏

昌時 見上

起師 字文宗 配曾氏 繼關氏

壯德 殤

保德 字申萬

桂德 字光表 配□氏

天麟 字化孔 配□氏

起宏 字文廣 配鄭氏

承帶 字貞子 配黃氏

士華 字傑興 配張氏

阿長

二長

義豪 字傑盛 配張氏

承珮 字萊子 配譚氏

士詔 字命興 配胡氏

官耀見上

起義字文喻
配岑氏

起泰字文交
號仰庵
配梁氏

起祺字文球
配譚氏

庶李氏

士湖字命貴
配胡氏

壯元字善萬
配關氏

壯魁字星萬
配關氏

壯朝字宁萬

壯國字洪萬
配張氏

起伸 字文箎 配陳氏 繼黎氏

壯廷 字夫萬 配陳氏

開先 字初發

開賢

帝祿 出繼壯盛

壯宏 字光萬 配岑氏

壯科 字進萬 配□氏

壯盛 字熾萬 配曾氏 立帝祿繼

帝祿 字高爵 配黄氏

曾偉 見上

起仁 字文長 號雪心 配關氏

壯秋 字博萬 配關氏

士炎 字蜚秀 配關氏

起秀 字文俊 配黃氏
起文 字文煥 配吳氏

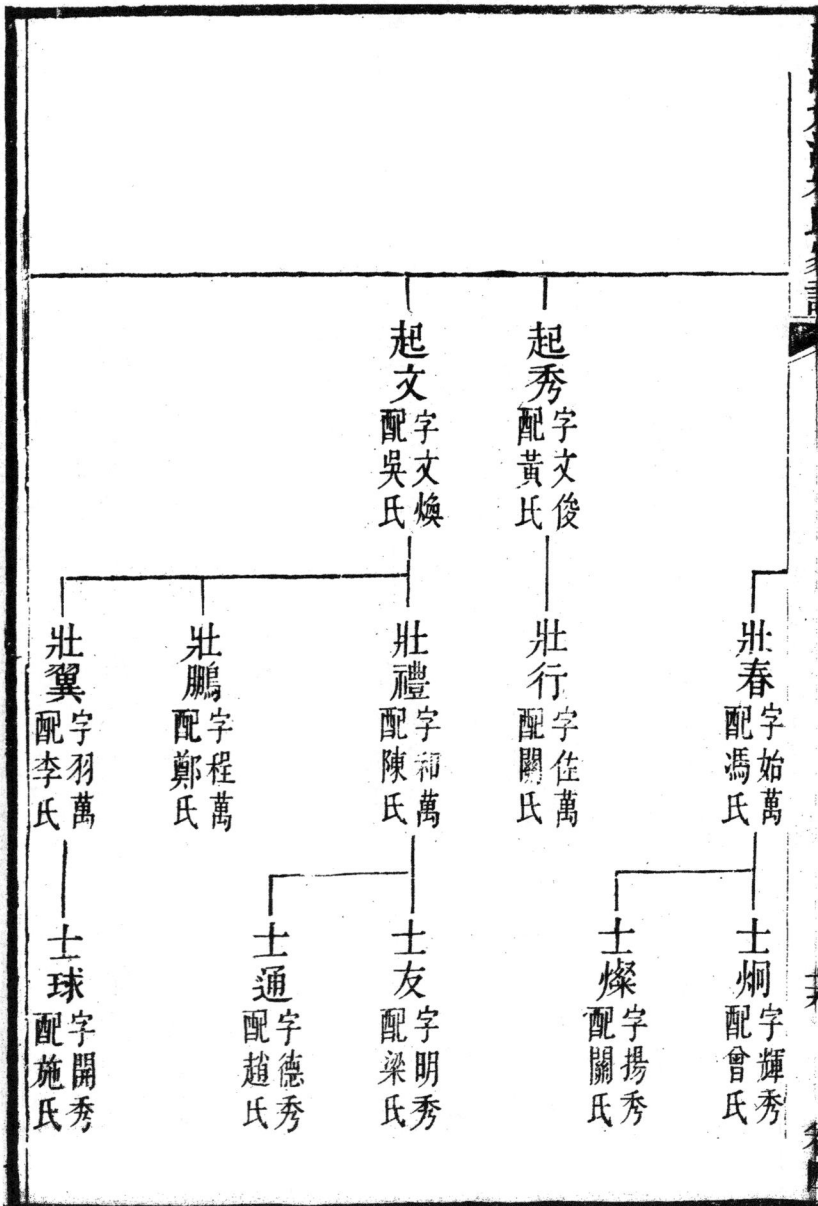

壯春 字始萬 配馮氏
壯行 字佐萬 配關氏
壯禮 字礽萬 配陳氏
壯鵬 字程萬 配鄭氏
壯翼 字羽萬 配李氏

士炯 字輝秀 配曾氏
士燦 字揚秀 配關氏
士友 字明秀 配梁氏
士通 字德秀 配趙氏
士球 字開秀 配施氏

觀潤 見上

起憲 字文甫 配關氏 繼鄭氏

起師 出繼觀應

起韜 字肇武 配關氏

起瑞 出繼觀法

起秋 字金武 配張氏

壯華 字觀萬 號行樂 配鄭氏

壯榮

壯祐 字昌萬 配張氏

壯遠

士登 字廷秀 號漱芳 配黃氏

煥高 字禹平 配曾氏 外出連州

觀法 見上立起瑞繼

起瑞 字悅武 配胡氏

壯連

壯斌

壯英 字敏士 配馮氏

上彩 字禹亶 號作雲 配黃氏

乾彩 字德章

聖明 見上

存男 字支夫 配關氏

雁祚 字憲萬 配曾氏

御 字燕芳 配鄧氏

雁軒

舜來 見上

富男 字裕犬 號岳三 配關氏

孔俊 字憲傑 配張氏

科俊 字捷元 配曾氏

尹來見上

喜男 字悅夫 號景雲 配陳氏

士長 字憲高 配□氏

阿六 字占芳 配曾氏

士經 字憲文 號南象 配黃氏

上珍 殤

上璠

上瑚 字忠艮 號秉純 配關氏

上琳

士昌 字憲蕃 配岑氏

上瑜 字廷賓 配關氏

士毅 字憲能 配周氏

上瓊 字朝德 配李氏

官來見上

積男 字啟夫 配關氏 立士顯繼

仁男 字愛嗣 配李氏

洪男 字宏嗣 配關氏

士顯男 出繼積

士顯 字憲達 配鄧氏

潤子 字東昌 配關氏

潤章 字煥昌 配關氏

上璇 字聖德 號樸川 配馮氏

上琛 字明德 配陳氏

上璋 字朝輝 外出廣西魚勞

帝明 字耀林 號齊廷 配□氏

貴明 字君可 配□氏

帝眷　見上

熾　男　字爾夫　配吳氏　繼關氏

烜　男　字惇夫　配黃氏

炮　男　字文夫　配陳氏

潤光　字興昌　號盛祥　配關氏

肇三　字宗輿　配黃氏

肇大　字振輿　配岑氏

肇泗　字敬輿　配陳氏

富明　字桄林　配陳氏

長德　字象賢　配關氏

長義　殤

長禮　字惠賢　配黃氏

長球

長來　字明賢

長慶　字浩賢　配關氏

國英見上

國芬見上

逢魁

連科字捷升
配關氏

已元字泰開
號景南
配周氏

燦球字璧彩
號瑞軒
配劉氏

燦璋字瑩彩
號昭燃
配陳氏
繼關氏
會氏何氏

燦珠字輝彩
配黎氏

燦瑜

燦琳字漢彩
配劉氏

燦瑞

長有字植賢
配□氏

連桂
字振升
配關氏

連馨
字拔升
配張氏

茂元
又名二元字盛開號桂芳配關氏

福元
又名三元字祿開號美全配陳氏

燦琪
字純彩
配關氏

燦瓊

燦瑛
字雄彩
配陳氏
庶彭氏

繼胡氏
唐氏

德裕見上

士達 字武拔
配程氏

社保

社正

士達 字兼拔
配曾氏

社德

社賢

士忠 字扶拔
配關氏

社文

德隆見上

朝恩 字榮錫
配黄氏

□□ 字君澤
號惠齋
配鄧氏

□□ 字植培
號卓然
配關氏

□□ 字芳培
配關氏

尹容 見上

阿五

尹荏 見上

潤聖 出繼存著房汝爲

培源 見上

宗孟 字鄒士 配關氏

繩武 字法禮 配關氏

燦榮 字耀明 配鍾氏

炎榮 字顯華 號純庵 配曾氏 繼余氏

林榮 字昌華 配曾氏

□□ 字秀培 配劉氏

宗愈 字又韓 配周氏

登元 字丙吉 配陳氏

□□ 字著大 配張氏 繼關氏

□□ 字祺大 配陳氏

□□ 字緝大 配吳氏

元英見上

長祾 字荷斯 配郭氏

長祺 字景斯 配曾氏

五子 字毓齊

長禎 字兆斯 配□氏

阿珠 字邦成 配□氏

萬福 字聖儒

培潨 見上

長裕 字振斯 配李氏

長祚 字永斯 庠生 配鄧氏

二珠 外出

三珠 字高成 配關氏 繼關氏

世昭 字明卿 配關氏

世宏 字漢卿

世符 字虞卿 配岑氏

世光 字舜卿 配岑氏

光斗

光垣

□昌 字沛南 配陳氏

詒昌

培湘見上

長禧字純斯配□氏

作林

培灌見上

承憲字文斯配陳氏

莘長字正先配□氏

莘盛出繼秉憲

莘茂

秉憲字文德配黃氏立莘盛繼

莘盛字又先配□氏

始登字廣儒配陳氏

誕登字政儒配黃氏

培澍見上

祥憲外出

祖憲字國章配關氏

夢熊 見上

允憲 字文祚 號幹軒 配關氏 繼岑氏

宗璉

宗瑞 字洪澤 號達江 配李氏

會成 字際隆 配□氏

斌成 字援隆 號茂林 配□氏

遠成 殤

悅成 字瀛隆 配關氏

遇成 字佐隆 號泰林 配關氏 繼吳氏

宗瓊 字泗澤 配關氏

宗瑚 字沛澤 配關氏

世成 字貴隆 號清林 配關氏

珍成 字國隆 號岳雲 配□氏

量成 字煥隆 配關氏

惠成 字恩隆 號進夫 配關氏 庶曾氏

進成 字仰隆 號平夫

配關氏

宗斑
字源澤
配關氏

閏成
字兼隆
號浩泉
配冼氏
繼何氏

宗寶
字球澤
配梁氏

聚成
字蔭隆
配黎氏

登成
字勝隆
配潘氏

殿成
字璧隆
配黃氏

滿成
字溢隆
配張氏

培漢見上

纘憲殤

繹憲字文孫

培溶見上

繼憲

緒憲

國薦見上

漢文字維章
配關氏

宏樞字廷拱

秋成字蒼隆
配黃氏

喜成字拔隆
配黃氏

宜成字□隆
配□氏

國謌見上

漢光字洪敷配馮氏

漢臨字霖敷配孔氏

漢觀字維敷配韓氏

兆樞字北拱配關氏

兆祖字相明

靈江原名兆鼇字萃洲廩生配李氏

兆熹字晉明配□氏有子外出

漢斌 字濟敷 配陳氏

兆熊

國藻 見上

漢符 字維節 號佳竹 配黃氏

觀喬 字世臣 配關氏 立天瓊繼

觀印 字朝章 配莫氏

觀槐 字晉植 號遠蔭 配關氏

天瓊 字尚璧 號翶亭 配陳氏

天瓊 出繼觀喬

天琪 字蒼璧 號席珍 配關氏 繼黃氏

鴻飛見上

漢麟字維興
配關氏

里字君式
配關氏

聯玉字連璧
號福山
配關氏

掄玉字殿璧
配陳氏

徵字君狀

國荃見上

漢支字維宗
配黃氏
繼關氏

上秀

漢武字維紹
號厚庵
配關氏

上榮字德光
配黃氏

成舉字始元

成才字太元

上炳字文光
配梁氏

成進字和璧
配李氏

上燦字聖光
號蒼梧

成克字恆璧
號樂珍

國芾見上

漢智

漢高

國相見上

璋顯字昇華配黃氏

阿娣字景會配黃氏

炳球字敬林號慎園配區氏

璋士出繼國賛

璋貴字殿華號元宗配吳氏

逢聚字雲高號樵山配鄭氏繼關氏

炳貴字達林號叢軒配曾氏繼岑氏

配關氏

上祿字錫光號亮泉配關氏

成豪字儀璧配關氏

成章

閏章

配張氏

逢孫　字進高　號存山　配關氏

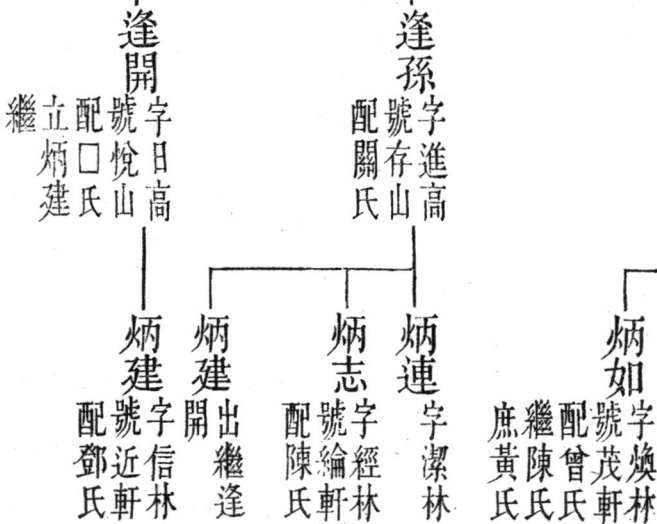

逢開　字日高　號悅山　配□氏　立炳建繼

炳如　字煥林　號茂軒　配曾氏　繼陳氏　庶黃氏

炳連　字潔林

炳志　字經林　號綸軒　配陳氏

炳建　出繼逢開

炳建　字信林　號近軒　配鄧氏

國柱見上

耀先字漢昭號近江配關氏繼黄氏胡氏

逢爵字振高號裕山配張氏繼陳氏庶梅氏

帝義

盛顯字光遠配關氏謹按光遠公名盛顯據南樂公墓碑脩

盛道字錫遠配□氏謹按錫遠公

炳科殤

炳禮字宴林號瓊軒配陳氏

炳富殤

阿洪字挺玉號瓊茂配岑氏

二洪字挺安配陳氏

炳芝字信池配劉氏

名盛道
據南樂
公墓碑
脩

承先　字弼昭　號愼庵　配黃氏

煥先　字璧昭　號岸軒　配關氏　庶劉氏

贊芝　字振池　配馮氏

炎芝　字興池　配關氏

道宏　字洪錫

進宏　字賢昌　號懷樂　配關氏

阿大　字顯朝　號華圃　配潘氏　庶鄭氏

德宏

仕宏　字榮昌　配關氏

帝科　字翊朝　號儀圃　配黃氏

祉如　字綖唐　號堯顯　配關氏

艮瑞　字覲持　號遠志　配黃氏

祥瑞 字協持 號純志 配黃氏

世瑞 字獻持 配岑氏

帝瑞 字連登 號聯高 配岑氏

科瑞 字幹持 配馮氏

社望 字廷簡 號朝達 配陳氏 庶曾氏

祿三 殤

祿經 字翰持

祿文 字爵持 號杞泉

配鄭氏

彥舉

文貴

能貴 字明簡 號博海 配李氏 繼曾氏

芝瑞 字佐持 配陳氏 繼岑氏

慶瑞

官寶

麟瑞 字昆持 號王之 配關氏 庶羅氏

國贊見上立璋士繼

璋士 字輝華 號美忠

逢春 字閏高 號岳山

觀蔭 字廣玉 號崑峯

配李氏

配曾氏

配陳氏
繼王氏

逢貴字澤高
配陳氏

覲蔭字靄玉
配李氏

藂蔭字榮玉
號崙峯
配關氏

逢仁字燦高
配關氏

滿蔭字開玉
配曾氏

福蔭字璧玉
配關氏

逢泰

灼

見上立
廷弼繼

廷弼字羽之
配馮氏

亙賢字宏佐
配關氏

世祿字承緒
配關氏

繼鄧氏

世熙
　└ 良智
　└ 良勇

烜 見上
　└ 廷弼 出繼灼

昌勝 見上
　└ 廷紫 字言客 配關氏
　　　└ 良策

熾 見上立天柱繼
　└ 天柱 字任尊 號稲普 配關氏 繼岑氏 陳氏
　　　└ 連進 字捷三 配崔氏
　　　└ 元進 殤
　　　└ 明進 字應三 配何氏
　　　　　└ 東成 字沛能 配關氏

褩

見上立
天富繼

天富
字仁尊
配黎氏
庶鄧氏

嘉誠
字宜祿
配關氏
庶高氏

嘉謨
字榮祿
配何氏

世成
字錦能
配李氏

勝發
字明占
配黎氏

新發
字靄占
配陳氏

仲發
字信占
配關氏

時發
字應占
配陳氏

遠發
字近占
號厚甫

爓 見上

天貴 字德尊 配岑氏

兆隆 字宗漢 號樊軒

泗成 字澤才 號枉山

嘉識 字華祿 配張氏 繼廖氏

嘉詳 字昆祿 配關氏

嘉偉 殤

嘉護 殤

配李氏

林發 字挺秀 配李氏

煜發 字彩廷 配關氏

奇裔 字裔林 配關氏

瓊裔 外出湖南

繼陳氏

兆明 字成漢
配黃氏

燦成 殤

配曾氏
繼關氏

配陳氏

天相 字衡尊
配關氏

俊有 字英傑
配明氏

天柾 出繼熾

天中 字正尊
配何氏
繼溫氏

燒 見上

天富 出繼燛

天佑 字錫尊
號永多

嘉謀 字顯祿
號德天

上發 字乾秀
號忠幹

配關氏 繼彭氏

配陳氏

嘉詔 字朝祿 號春松 配關氏 繼黃氏

配區氏

上貴 字綸秀 配胡氏

上聯 字元秀 號植屏 配陳氏

上寧 字蒼秀 配關氏

上蓮 字恆秀 號翠亭 配關氏 繼潘氏 庶何氏

上珍 字儒秀 配關氏

焯 見上

廷嵩 字翰之 配黃氏

阿愛 字喜光 配林氏

廷要 字宰之 配曾氏

活魚

燮 見上

顯高 字徵之 配關氏

應龍 字沖雲 號天與 配關氏 繼關氏

望賢 字端儒 配關氏

望貴 字懿儒 配關氏

望麟 字燕成

上隆 字齡秀 配馮氏

炖 見上

榮高 字爵尊 號天然 配關氏

希夔 原名憲昭 字洪光 庠生 配關氏

憲登 字道光 號德周 配陳氏

應元 出繼悅高

應茂 字盛雲 配關氏

望德 字東儒 配張氏

望禎 字善興 配關氏

望祥

望進

貴文 字國裳 配關氏 繼張氏

貴元 字朝大 號國賢 配關氏

貴才 字省三 號仰復

學進 字結尊 號逸洲 庠生配 關氏

憲光

憲朝 字煥光 號正昭 配關氏

春林 字太生 號梅軒 庠生配 關氏繼 陳氏黎 氏

配曾氏

貴學 字文泗 配蘇氏

貴科

貴乾 字維剛 配李氏

貴蕃 字順章 配李氏

文炳 字翰章 配鄧氏 繼岑氏

文烺 字炎章 號純隱

配劉氏

熠
見上

騰高
字覲尊

悅高
字愉尊
配李氏
立應元繼

應元
字彰雲
號著峯
配程氏
繼陳氏

文燦
字式章
號竹甫
配黎氏

文煒
字現離
號麗莊
配關氏

望舉
字占魁
配陳氏

望連
字紹魁
號海涯
配岑氏
庶吳氏

丙曦見上

廷亮 字裔貞 配關氏

宏建 字積公 配關氏

緝長 字廣開 配何氏

繼長 字盛開 配古氏

午曦見上

廷簡 字□□ 配□氏 居羅定

廷賢 字□□ 配□氏 遺腹一子帶適潯溪黃姓

卯曦見上

之鷺 字達生 號悅松 配陳氏

宏綱

宏度

之鳳 字達翔 號足羽

冬 字藏官 又字炳

配陳氏

衣
官配陳氏
字點官
配關氏

阿苗
字廣順
配譚氏

之鸞
字達昇
配陳氏

宏春
字省躬
配蘇氏

□□
字榮中
配□氏

茂春
字卉華
配黃氏

芳春

永春

逢春

成春

萬春

已曦見上

- 廷彩 外出當兵
- 廷智 字亮臣 號近松 配鄭氏 旌節
  - 宏泰
  - 宏斌

  謹按鄉志作近松公生一子未核據舊譜脩
- 廷選 字聘臣 配關氏

癸曦見上

- 廷翰 字獻臣 配關氏
  - 宏璋
  - 宏琮
- 廷綸 字□臣 配關氏

廷惠 字俊臣 配關氏

乙曦 見上

寶珍 字維芳 號樂松 配岑氏

敘孫 字典五 號衞賢 配陳氏

敘高 字翹五 號堯羽 配關氏

宣承 字宗榮 配李氏

士承 字全榮 配關氏

天承 字育榮 配黃氏

進承 字宗御 配陳氏

振承 字瓊御 配梅氏

繼岑氏

如軫見上

金歲
字維友
配關氏

伯昇
字超文
號郁軒
配黄氏
繼關氏
謹按重脩墓碑作都軒誤據舊譜脩

敘德
字道五
配古氏

江承

喜章
字嘉泰
配何氏
繼曾氏

漢章
字雲泰
號昭若

上鴻
字廷斌
號迺庵
配何氏
繼何氏

聖孫
出繼肇鳳

上貴
字迪斌
配何氏

上志
字賢斌
配劉氏

如軾見上

開倫字望卿配曾氏

開宗字望賢配曾氏

配羅氏

阿二出繼肇基

帝章字熙泰

斐章字貞泰號南陽配明氏

伯英字國斌

伯偉字廷長配關氏

叔偉字仕長配關氏

雲章

帝錫字奇泰配余氏

成長

汝賢見上

開顯外出

元昌 字始文 號盛南 配劉氏 繼鄭氏

迪連 字惠聖 配趙氏

連科 字弼聖 配周氏

連第 字聯聖 號敬山 配關氏

秋進 字榮遠

富生 字建遠 配黃氏

賢進 字朝佾 號隱吾 配關氏 繼梁氏

德進 字憲仰 號善臺 貤贈知縣 配曾氏 貤贈孺人

汝傑 見上

定昌 字熾公 配曾氏

宗昌 字衍公 配周氏 立肇鳳繼

官昌 字達公 號凌江 配關氏

肇基 字作岐 配關氏 立阿二繼

肇鳳 出繼宗昌

肇鳳 字竹岐 配關氏 立聖孫繼

肇廣 字居岐 號朴直 配關氏 繼鍾氏

祖祁

阿二 字發先 號愛平 配曾氏

聖孫 字德孔 號永藉 配梁氏

聽長 字顯宗 配何氏

壽孫 字誕先 配關氏

壽明 字燦先 配張氏

肇明
字興岐
號酉存
配關氏

肇起
又名佳
字輝岐
配黃氏

壽成
字勝先
號純山
配黃氏

壽連
字挺先
配岑氏

壽光
字恒先
號樂陶
配關氏
繼曾氏
庶關氏
關氏

壽富
字豪遠
號純軒
配潘氏

開發見上

錫養字澤文
配區氏

壽養字廣文
號日庵
配關氏
繼曾氏

聖祖字超一
配關氏

建榮

日進見上

萬興字昇文
號善宗
配陳氏
繼黃氏

有貴字可君
配曾氏

阿娣殤

肇振字聲啟
配梁氏

壽榮字華遠
配鄭氏

壽華

壽錫

如瓊 見上
- 伯挺 字超萬 配關氏
  - 迪祥 字國卿 配關氏
    - 志雄 字世俊 配何氏 外出香山小欖
- 仲挺 字超培 配陳氏
  - 德遠 字志卿 配陳氏
    - 帝恩 字光侯 配□氏

啟陽 見上
- 嗣昌 字熾占 配張氏 庶胡氏
  - 迪乾 字長元 號健堂 配陳氏
    - 有貞 字輿玉 配陳氏
    - 世貞 字輿翹 號江勝 鄉飲賓 配黃氏

啟 見上
- 顯曾 字奕芳 配關氏
  - 迪元 字秀長 配關氏 繼潘氏
    - 有恆

啟祐見上

田眞見上

士攜字□□
配□氏

士珍

運興字達斯
號文樂
配關氏

迪□字貫天
配□氏

元祈字凝之
配關氏

元臣字廷之
配李氏
庶黃氏

廣連

細連

成德字水昇
配溈氏

成貴字連昇
配關氏

成宗

成振字翹昇

成裕字洪昇
號一公
配□氏

成聯字捷昇
配關氏

可興 字起斯 號梅江 配岑氏 繼關氏

元良 字貞一 號振國 監生 配關氏

元善 字聖一 號雲山 配關氏

成芳 字瑞昇 配黃氏

帝林 字黼廷 號華莊 配岑氏

帝高 字朝拱

帝恒 字柱九

帝喬 字祚廷 配張氏

帝光 字際堂 配關氏

汝霖 見上

曾昌 字偉叔 號靈雨

雲有

沅堅 字宰一 號靜存 配關氏

帝祥 字錦堂 配周氏

帝聰 字茂堂 配曾氏

帝常 字結堂 配黃氏

帝綸 字軒游 號清泉 配關氏

帝連 字國游 號璧玉 配陳氏

配關氏
庶招氏

孔禎見上

明昌字俊叔
配關氏

克孝字憲孩
配陳氏

雲蚪字廷笏
配關氏
繼曾氏

南松字乾長
配潘氏

南柏字雩長
配陳氏

觀榮字際華

建榮

□□字遵行
配□氏

□□字敏行
配□氏

□□字兆行
配□氏

孔祐 見上
昭善 字憲可 配關氏
帝祿 字朝錫 配陳氏
帝林 字朝鳳

壽寧 見上
昭連

壽先 見上
昭傑 字孟乾 配關氏
昭昂 字孟雲 配張氏

壽志 見上
昭璧 字孟章 配潘氏
承孫 字朝漢 配□氏
□□ 字燦元 配曾氏
□□ 字湛然 配□氏

壽連 見上

孔韜 見上

昭秀 字孟彩 配陳氏

文孫

有孫

昭貴 字孟餘 配關氏

昭進

昭征

昭庸 字卓凡

昭平 字宅舉 配梅氏

華觀 字朝章 配關氏

□□ 字燦耀 配□氏

朋觀

昭忠 字宅安 配曾氏

雲觀 字朝登 配□氏

□□ 字燕臣 配□氏

汝楫見上

挺贊字桓錫配陳氏

昭英字宅倫配關氏

鳳觀字朝儀配岑氏

順連

蚪觀字朝文配岑氏

應連字植夫

昭士字宅奇配黎氏繼黃氏

聖觀字朝宗

騰觀字朝陞配關氏

帝連

有連

賓觀

進觀

□□字佐臣配□氏

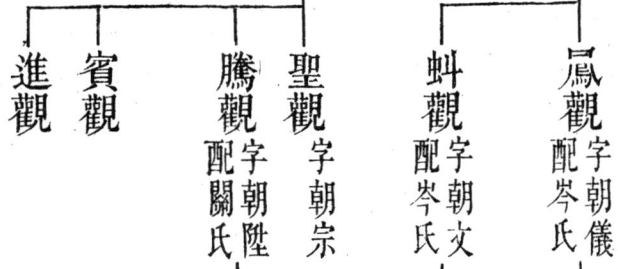

汝梅見上

挺相 字躬錫 配江氏

挺諫 字信卿 配岑氏

紹皋 字兪徵 配關氏 繼陳氏

紹益 字颺徵 配關氏

昊昌 字義明 配關氏

昊貴 字艮徵 配黄氏

昊業 字恆徵 把總 配

文進

文賢

文□ 字羽章 配□氏

文耀

文英

文遂 字贊功 配周氏

汝璇見上

挺勳字偉卿號靜江配關氏

承德字朝徵配曾氏

承廣字居徵配關氏

何氏居順德大良

文遇

文富字洪輝號裔君配關氏

文貴字進輝配關氏

士發字廷章配左氏

士科字位南配明氏

士□字廷翰配關氏

汝栴 見上

挺鼇 字占卿

庶梁氏

欽憲 字迺愼 號紫霞 配陳氏

謹按 舊譜作 胡氏誤 據原主 更正

廷士 字維楨 配關氏 繼吳氏 莫氏

球 字日榮 配陳氏

欽成 字迺省 配關氏

廷顯 字維嘉 配關氏

廷穎 字維瑞 配關氏

有盛

廷白

汝杞見上

溥文字迺思號九疑庠生配岑氏

欽沐字迺沐聘黄氏守節立聖華繼

聖濬字若舜配關氏

琯又名煥

聖華出繼欽沐

聖恭

聖擢

聖熙字緝舜配陳氏

燦字炳光號羣仙配關氏

聖謀字紹舜配黎氏

聖華字協舜配黎氏

禧龍見上

欽明 字迺安 配余氏

聖哲 字翹舜 配關氏

璵 又名潤瑜 字漢光 配岑氏

琬 字國光

肅 字迺天 號又唐 配岑氏

位增 殤

位坤 字成久 配陳氏

彩鑾 字□□ 配關氏

位垣 字茂旋 配關氏

驥

位圻 字育旋 配關氏

□□ 字幹中 配□氏

平祚 出繼汝桀

烈 字迺正 號又揚 庠生配關氏繼黃氏 謹按舊譜作繼吳氏誤據原主更正

位堪 字任旋 號懷安 配梁氏 繼陸氏

位堦 字升旋 號太星 配關氏

位墱 字卓旋 配黃氏

上偉

上超 字潤飾 號方山 配口氏

上英 字亮飾 號信廷 配余氏

上清 字芳飾 號潔堂 配關氏 繼何氏

上成 字中飾 配張氏 繼陳氏

位墎 字昌旋 配關氏 繼關氏

多成 字善長 號可欲 配關氏

汝榮 見上 立平祚繼

平祚 原名照 字迺容 號浩庵 配黃氏

謹按浩庵公原名照據南軒公墓誌增注

位培 字茂德 配關氏

金輅 字常達 配關氏

金瑋 字般達 配施氏

錫珍 見上

爾相 字端甫 配關氏

性□ 字嘉璋 配□氏

考維

錫珙見上

爾從字滿甫
配關氏

性興字嘉善
配梁氏

芳仁

芳定

芳有

芳文

性純字嘉禎
號裕齋
配關氏

芳義字泰昌
號晭山
配梅氏

爾森字瑞甫
配張氏

性常字嘉寬
配廖氏

芳衍字祚昌
配黃氏

芳年字懿昌
號美源
配梁氏

芳貴字達昌
配□氏

錫芬見上

爾圭字介卿配岑氏

尚賢字朝舉配關氏

芳□字式長配關氏

爾璋字偉侯配黃氏

性歡字能舉配鄭氏

繼立芳芝

芳芝字奇長配□氏

性聰字俊舉配關氏

芳芝出繼性歡

芳蘭字□長配□氏

錫展見上

爾惠字萬占配關氏

性瑞字聚德配李氏

芳□字秀昌配黃氏

性喜出繼爾卓

錫元見上

爾卓 字豪士 配關氏 立性喜

性喜 字悅德 配□氏

芳□ 字正昌 配□氏

錫賡見上

爾熊 字帝祥 配陳氏 繼

性隆 字凡英 配莫氏 繼關氏

芳榮

性善 字信英 配李氏

爾麟 字玉祥 配曾氏

性奇 字賢英 配曾氏

爾鼇 字文祥 配關氏

汝標見上

彰鳳 字元瑞 號春圃

河五 字東池 號西堂

保安 字光錫 號朗然

配李氏

配曾氏
繼丁氏

配黄氏

彰成 字元美 配劉氏

國倫 字東岐 配陳氏

引弟 字榮錫 配□氏

國泰 字東明 配□氏

北壽

壬泗

汝植 見上

彰社 字元聚 配關氏

□□ 字熙明 配□氏

□□ 字天錫 配李氏

□□ 字廷錫 配李氏

□□ 字賢錫 配關氏

彰和 字絅聚 配關氏
有龍 字□□ 配□氏
貴龍
北帶 字帝錫 配□氏
北攜
八仔

汝桂 見上
彰連 字元彩 配梁氏
福 字遇恩 號純軒 配□氏

汝機 見上
德著 字元凱 配陳氏 繼張氏
尚志
奇安 字朝長 配李氏

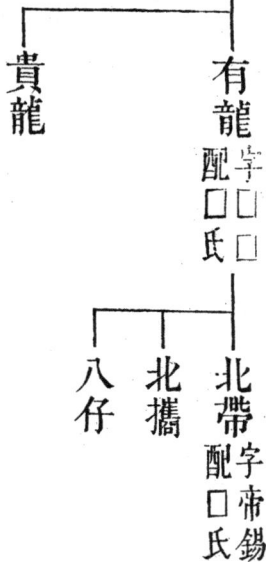

鼎銓見上

吉元字遇時配李氏

吉望字遇文配何氏

金元

吉昂字遇皋配關氏

金成

汝芝見上

彰熊字男長配張氏

萬朋字祥遠配李氏

三槐

細妹

萬壽字期遠配關氏

萬全

萬勝

秉忠見上

裔林字益嗣
配口氏
外出新
會黄村

阿富

二富

三富
阿富二
富三富
並居新
會黄村

汝菁見上

祖齡字延嗣
配關氏

緯見上

祖元字蔭嗣
號次昆
配關氏
繼黄氏

承先

揚先字振傳
號后源
配周氏

國珍字殿隆
號緝熙
配關氏

宗元字與嗣
號厚齋
舉人學
正配鄧

藍青字接傳
配口氏

大章字德純
號脩波
配關氏

氏

啟賢見上

鳳禎 字興嗣 配陳氏
　永進

鳳祥 字起嗣 配李氏
　聯進
　朝進
　連進

鳳岐 字昌嗣 配鄭氏
　萬進

鳳超 字華嗣 配曾氏
　克進

啟良見上

昌貴 字和嗣 配黃氏
　特進

□□ 字熙純 配□氏

佐明 見上

- 昌祿 字官嗣
- 昌富 字福嗣 配劉氏 繼陳氏
  - 蓮青
- 昌榮 字祿嗣 配黃氏

仲倫 見上 立春運繼

謹按伯常公有子孫而又立繼據舊譜脩

- 朝用 字良觀 配關氏
  - 進明 字德儒 配鄧氏
    - 世榮 字燦林 配鄭氏
- 春運 字澤俊 配李氏 繼黃氏
  - 綸明 字經儒 配黃氏
    - 泰基 字信興 配□氏
  - 子明 又名大明字建

思孔見上

定貴字艮爵
配關氏

阿蠻

二蠻

三蠻

師儒見上

朝弼字艮美
號存眞
配何氏

公志字達長
配劉氏

公榮字仁長
配關氏
庶何氏

務新字維輿
配關氏

汝宏字道輿
配關氏
繼黄氏

務得又名升
宏字揚

儒配□氏

興配關氏

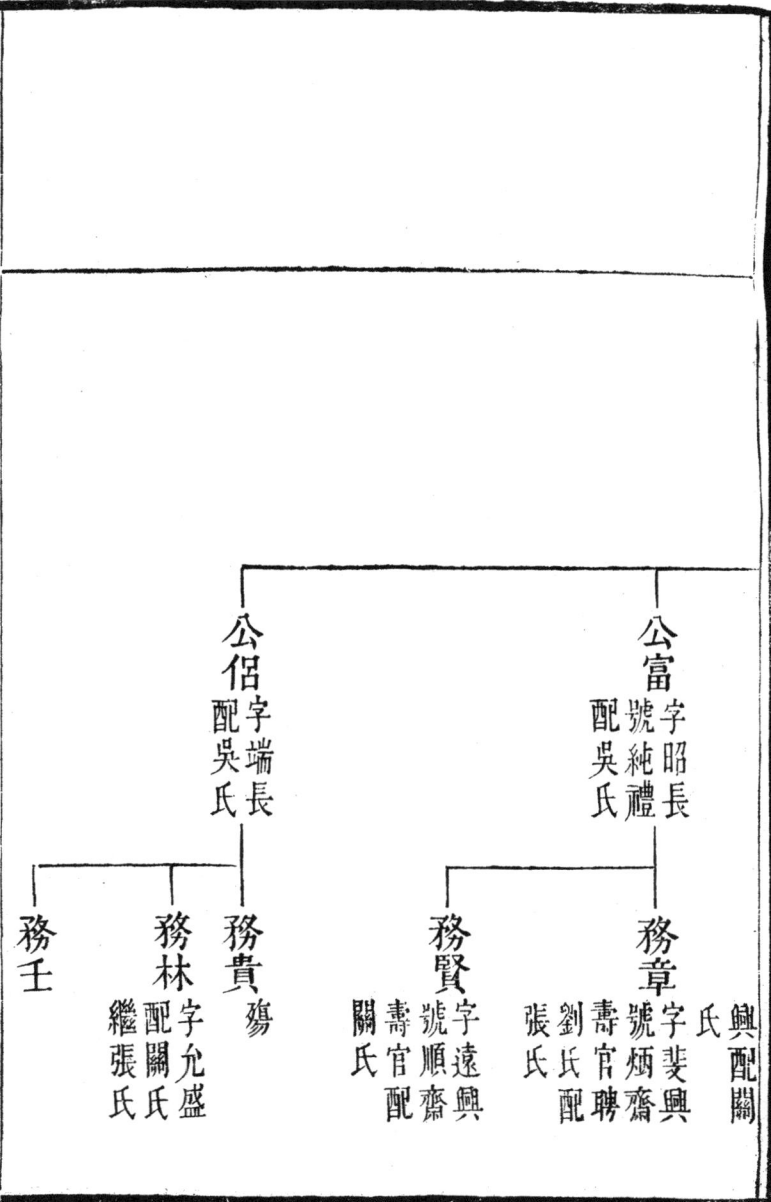

公富 字昭長 號純禮 配吳氏

務章 字斐興 號炳齋 壽官 聘劉氏 配張氏

務賢 字遠興 號順齋 壽官 配關氏

公侶 字端長 配吳氏

務貴 殤

務林 字允盛 配關氏 繼張氏

務壬

朝亨 字亘煥 配鄭氏

公明 字貴長 配李氏 繼李氏 祔食

師賢見上

春貴 字亘生 配關氏

阿二

阿開

春 字亘勝 配□氏

阿三

春 字亘友 配□氏

春運 出繼仲倫

春草 字亘萬 號善存 配關氏

望明 字顯昌 配鄭氏

阿才

二才 字紹興

貴明 字廷昌 號心湖 配劉氏

三才 字貴興 配□氏

榮高 字佐熙 配□氏

福高 字瑞熙 號穀祺 配李氏 繼關氏 黃氏

師堃見上

朝惠 字良秀 配關氏 庶范氏

師盛見上

□□ 字良脩 配關氏

新仔 字洪一 祔食

明說 見上

廷藻 字掄斐 配陳氏

公健 字朝士 號樂湖 配鍾氏

歲孟 字啟序 配口氏

公驥

阿五

廷芬 字掄輿 配黃氏

公位 字侯上 配陳氏

新仔

明卿 見上

廷賓 字掄魁 號上池 配陳氏

公漢 字章士 配關氏 立聰繼

聰 又名顯貴 字光榮 配關氏 祔食

公俊 出繼廷祚

明華 見上 謹按仰文公有子廷祚

廷祚 字永作 號介壽 配關氏 立公俊

公俊 字登士 號秀齋 配關氏

聰 出繼公漢

睿 字德榮 號明山

舊譜失考據原主墓碑脩

國臣見上

繼謙按介壽公立繼據原主脩

耀眞 原名之信字衢升號劬齋庠生配余氏謹按劬齋公原名之信據雲滴公墓誌增注

蕃 字我衍號晉源廩生配關氏

淮 字匯衍號待齋廩生配何氏

公敏 字功衍配關氏

智 又名成貴字耀榮配黃氏

敂 配梁氏

翩 字鳳章號鳴梧配關氏

邇 出繼公敏

翹 字從章號雲峯配陳氏

邇 字漢章配馮氏

廷選 據南喬公墓碑補入

國材 見上

燮元 字始升 號東暘 廩生 配譚氏

守節立 邇繼

公允 字祿衍 號嗣源 配馮氏 繼關氏

翅 字翼章 配口氏

塏 字文開 號念劬 配黃氏

青錢 字時貴 號性宜 例主簿 配關氏

增 字慧開 號念雄 配葉氏 立南昌

南昌 字宏濟 號鏡臺 配關氏

繼

墧　字秀開　號德峯　配關氏　繼黄氏

青麟　字秉剛　號純庵　配鄧氏　庶勞氏

塏　字應開　號念嗣　配鄭氏

南英　字拔常　號自强　配黄氏　繼蘇氏

南昌　出繼墧

國權　見上

正歷　字時作　配關氏

公宏

正彦　字聖作　配關氏

公遇　字福衍　配李氏

正鼎 字新作 號仰洛 配梁氏

廣 字厚衍

卓 字若山 號仁安 配關氏

天培 字希舜 號勉庵 配黄氏 繼古氏

□□ 字賢舜 配岑氏

□□ 字恩舜 配李氏

正藝 字勤作

廷岳 字華作 配曾氏

公禮

公聯 字進山 配□氏

宗盛 字廣緒 配張氏

國桂 見上

宗志 字存䌳

公瓚

公成

公賢 字遐山 配□氏

萬貴 字秩榮 號協坡 配袁氏

廷求 字德作 配吳氏

公貴

廷起 字明作 配關氏

廷登

國綱 見上

正顏 字信作 配關氏

公察 字文衍 配關氏

新仔

國紀見上

阿五

正夢字熊作
配關氏

殿魁見上立祚遠繼

龍耀殤謹
按正軒公原有子龍耀舊譜失考據海玉公墓誌補入

祚遠字來錫號能祐配曾氏

殿賴見上

祚遠出繼殿魁

殿釆 見上

秉仁 字也尊 號秀清 配關氏

秉義 字也近 號存五 配潘氏 繼張氏

喬元 字宜紀 配關氏

喬矩 字宜方 配關氏

喬報 字宜學 配陳氏 繼關氏

喬祿 字宜千 號泰常 配周氏

景孟 字宗輿 號瀾波 配關氏

正好 字可大 號樂池 配關氏 繼黃氏

□□ 字文輝 配曾氏 繼黃氏

□□ 字東幹 號輿輿 配關氏

壽祺 字海年 配□氏

壽芝 字澄泰

景祿 字顯興 號侯舉 配張氏 繼張氏

景尚 字[illegible]興 配張氏

壽敏 字達聰 配老氏 繼壬氏

帝科 字天緒 配關氏

享科 字萬雲 配□氏

博 原名發 解字赤 堂號霞 城副貢 配關氏

年高 字熙堂 配□氏

殷賡見上

肇祉　字嘉錫　號善庵　配關氏

肇禧　字廣錫　號大霖　配關氏　立必令繼

必令　字淑端　配關氏

文元　字國一　配陳氏

景聲　字靄輿　號濯我　配陳氏

景厚　字博輿　配□氏

汝緝　字緝堂　號潔亭　配黎氏

汝省　字勉堂　號實亭　配關氏

汝七　外出

文江　字槐堂　配關氏

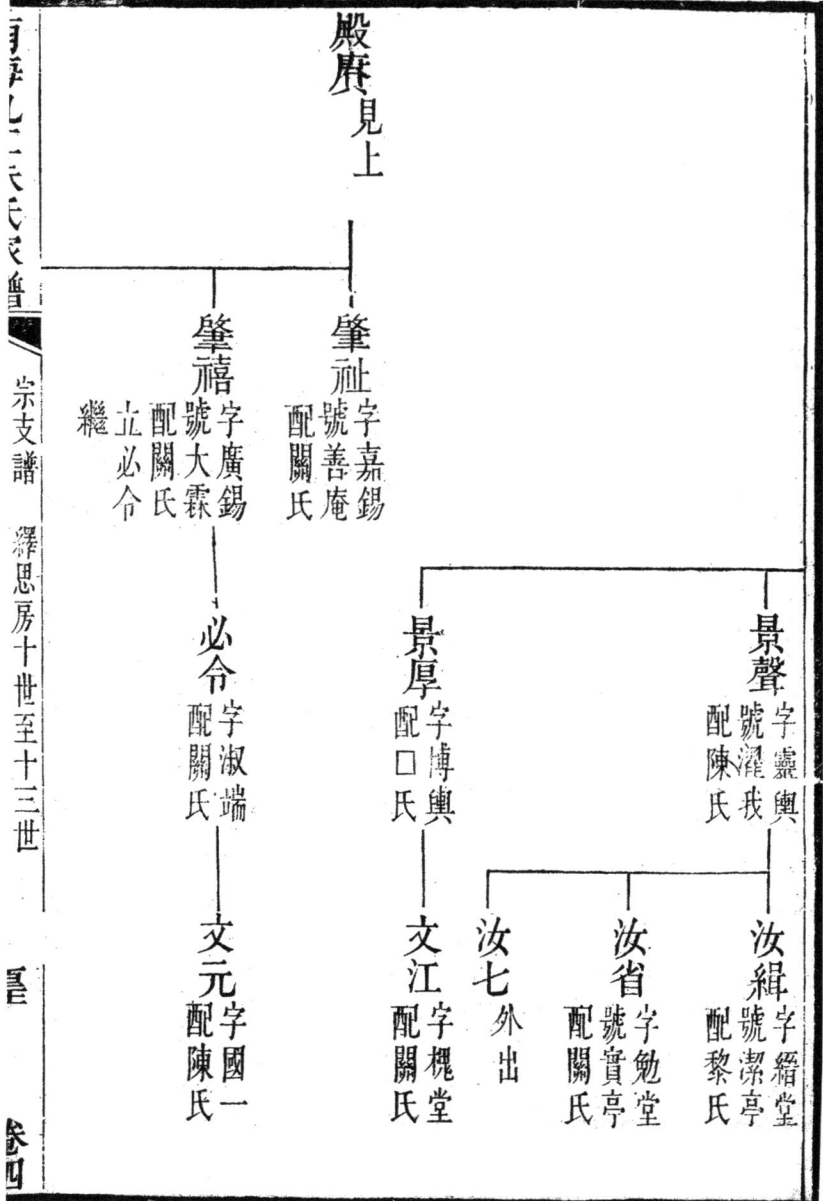

- 肇祺 字齡錫 號懷南 配陳氏 繼曾氏
  - 必譽 字永端 配關氏
  - 必莊
- 肇禎 字祥錫 號福侯 配梁氏
  - 必爲 字堯端 配陳氏
    - 邦聚 字甸一 配關氏
- 肇祝 字華錫 號聖庵 配鄧氏 繼陳氏
  - 必令 出繼肇禧
  - 必能 字亮端 配陳氏
    - 卓炎 字熾南 號曉林 配馮氏
    - □□ 字宅南 配胡氏
  - 必元
- 肇祐 字周錫 號脩波
  - 必俊 字陽端 配黃氏
    - 邦保 字懋千 配曾氏

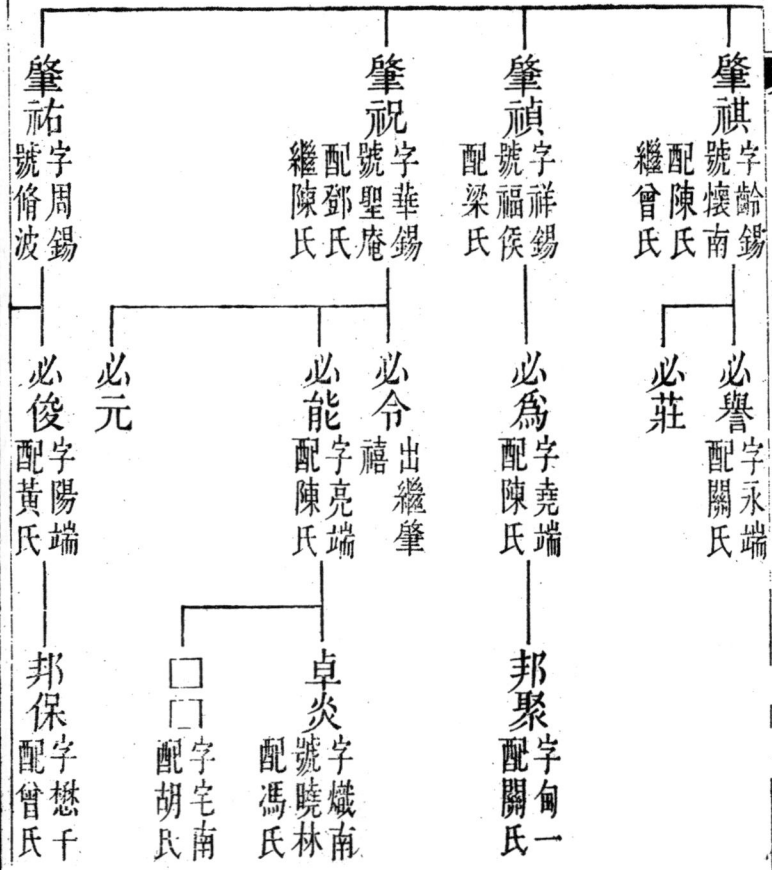

配黃氏 繼陳氏

必詠

必參

殿昇 上

可執 字臨錫 號樂濤 配關氏

時乂 字俊中 號逸軒 配黎氏 繼立日章

日章 字東甫 號闇然 配黃氏 庶黃氏

可達 字特錫 號潛谷 配關氏

時悅 字怡中 號樂軒 配黃氏

日章 出繼時乂

斐章 字郁甫 號文山 配岑氏

平章 字垂甫 號調元 配□氏

爲章 字礪甫 配關氏

時燦 字煥中 配□氏

時□ 字貫中 號萬軒 配□氏

時擴 字舉中 配岑氏

□□ 字業才 配岑氏

□□ 字孔才

本章 字幹甫 配關氏

□章 字吉甫 配□氏

傑章 字藝甫 配岑氏

寧章 字昌泰 配鄭氏

時朗 字朋中 號淨亭 配馮氏

權章 字義書 配關氏 繼曾氏

綸 字翰書 號樂行 監生 配馮氏 庶黃氏

賢章 字維書 號杏園 配關氏

韶章 字玉書 配潘氏

殿孚 見上

天署 字垣拱 號嗣繁 配陳氏

國侯

長國 字衛真 號玉壺

緝瑞 字信章 號寶軒

配關氏

晚西 字西成

祖瑞 字苑章 號愼持 配關氏

配李氏

天允 原名天鑒 字孫拱 號裔繁 配關氏 庶鍾氏

士科 字世名 配關氏

禎瑞 字錫章 號永持 配余氏

興瑞 字榮章 配黄氏

帝瑞 字乾章 號正持 配黎氏

士玠

殿獻見上

炯燮 字友錫 號逸池 配曾氏 繼梁氏

士才

夢麟 字□□ 配□氏

□□ 字卓升

□□ 字顯升

夢鳳 字瑞昌 號棲梧 配關氏

文貴 字秀升 號毓林 配關氏 繼李氏

鴻讚見上

廷琇 字榮公 號武臣 配潘氏 繼譚氏

先登 字康岸 號南嶺 配陸氏

富賢 原名秋 字豪裕 號健如 配關氏

潤賢 原名科 字德裕 號亦如 配陸氏

廷琳 字球公 配關氏

成泰 字擢公 庠生 配黃氏

廷璧 字趙公 號伊谷 配關氏

貴登 字君岸 配馮氏

上登 字翹九 配劉氏

上寵

上智

誕登 字子岸 配曾氏

繼林氏

孟賢 原名闌 字元裕 號泰如 配陳氏

吉士 字爵昭 配劉氏

日永 字夏舒 號碧池 配周氏

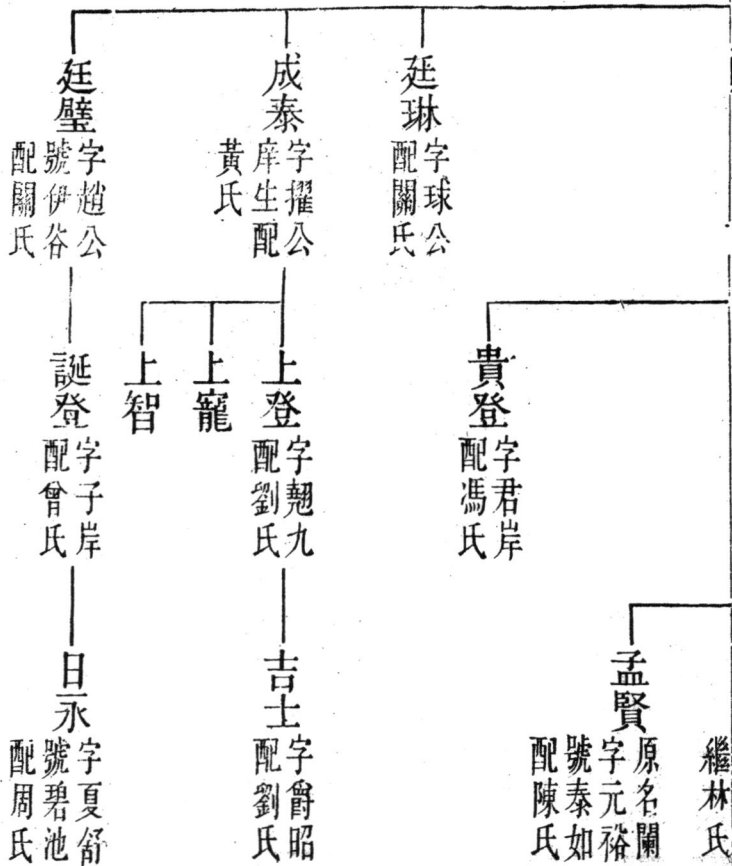

鴻謨見上

廷佩字結公
配關氏

上鋐字仕行
配黃氏

義鋐字敘行
配關氏

日新字錦成
配張氏

□□字茂成
配陳氏

□□字茂林

禮鋐字性行
號念綱
配關氏

汝珍字獻朝
配李氏

鴻訓見上

廷瑄字朝暉
配關氏

聯鼐

知元

廷瑚 字朝鼎 配李氏

廷緒 字朝基 配關氏

廷璋 字朝君 配黄氏

佳起

洪任 見上

廷引 字岳薦 號百發 配關氏

祉賜 字贊參 配關氏

獻寗 字式邦 號法之 配陳氏 繼胡氏

連寗 又名宇寗 字協邦 號和之 配關

氏

元相　字英朝　號柱石　配黃氏　繼盧氏

喬寧　字吉隆　號長盛　配□氏

宙寧　字眷隆　號德盛　配陳氏

祐寧　字燕隆　號恩盛　配關氏

元高　出繼廷直

洪俊　見上

廷幹　字貞客　配□氏

洪傑　見上

廷直　字挺斯　配馮氏

元高　字艮弼　配陳氏

柱寧　字建隆　號半農

繼關氏
立元高繼

配劉氏
繼莫氏

思寧
字際隆
號業農
配黄氏
繼劉氏
側室胡氏

夢吉見上

成長
字沛善
配曾氏

新孫

夢登見上

宗秀
字□□
號爵一
配關氏

光廷
字尙錫
配□氏

潤聰
字振章
配張氏

宗泗
字□□
號培善
配□氏

夢新 見上

宗五 字□□ 號日葉 配彭氏

連馨 字捷聯 號純謙 配關氏

初潤 字浩廣 號沛亭 配鄭氏

仲君 字蔭鵬

鳴君 字叶鵬 號奮庵 配關氏 繼黃氏 陳氏

兆君 字萬鵬 號松庵 配梁氏 繼梁氏

燦君 出繼德潤

福君 字𠦝鴻

逢潤 出繼連魁

富潤 字居廣 號學開 配鄧氏

漢君 字澤鵬 配□氏

德潤 字盤廣 配□氏 立燦君繼

燦君 字耀鵬 號翔庵 配曾氏

連魁 字捷元 號允謙 配□氏 立逢潤繼

逢潤 字匯廣 號凌海 配黃氏

朝君 字翼鵬 號翥軒 配關氏

元君 字相鵬 號輔軒 聘關氏 配陳氏 庶關氏

夢桂 見上

連英

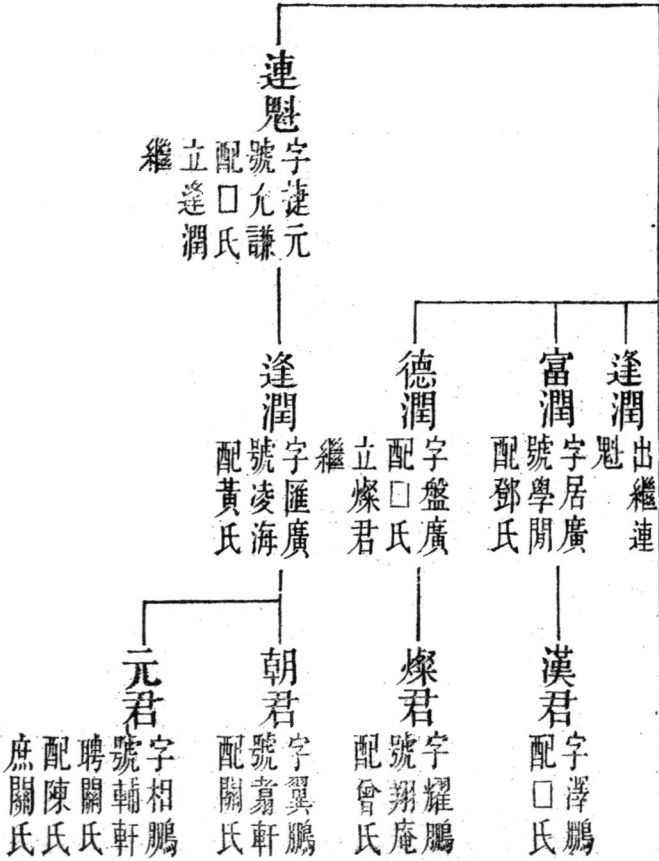

鳴周 見上

正瑜 字演方 配關氏

正斐 字文遠 配關氏

正新 字儀遠 配關氏

公泰 字榮昌 號盛安 配岑氏 繼關氏 鄧氏

公潤 字穃昌 配張氏 繼伍氏

昌潤 字貴昌 配關氏

帝聖 字廣澤 號大隆 配曾氏 繼陳氏

□□ 字輝澤 配□氏

□□ 字君澤 配伍氏

鳴皋見上

正脩 字通作 配關氏

正時 字廷作 配陳氏

正國 字興作 配冼氏

敘長

有聯 字富佳 配溫氏

有貴 字□佳 配□氏

有賢 字朋佳 號鳴喬 配關氏

□□ 字廣仁

□□ 字興仁 配關氏

□□ 字達常 配□氏

文元 字超常 號冠倫 配關氏 繼黃氏

阿梡
有佝 字朋玉 配關氏
社存 字拔常 配□氏

建德 見上
宜先 字艮始 號報溪 配關氏
觀顯 字明璋 配黎氏
觀達 字世璋 配吳氏
觀獻

建溫 見上
仕連 字艮捷 配曾氏
社龍 字現璋 配吳氏
仕昇 字艮階 配丁氏
社鳳
仕泰 字艮顯 配劉氏
社長

仕吉 字兆儒 配吳氏

建盛 見上

祿明 字艮宋 配鄧氏

觀照 字□□ 配□氏

華長

二長 出繼帝德

觀文

義益 見上

□□ 字順明 配李氏

連孫

翰藩 見上

應連 字茂芳 配關氏

應運 字茂建 號立傳

帝德 字著典 配關氏

二長 字華閏

熾生 見上
配梁氏
繼左氏
立二長繼

迪脩 字景德 配關氏
迪和 字景達 配潘氏
迪賢 字景行 配關氏

逢進 字□□ 配□氏
逢帝
果進
社帝 字飛儒 配□氏 居梅圳凿路

□□ 字兆貞 配關氏
□□ 字德宏 配何氏
□□ 字恒拔 配吳氏
□□ 字恩拔 配岑氏

繼吳氏

□□ 字志拔 配關氏

翰芳 見上
- 應寶 字楚善 配鄭氏
  - 宗和
- 應貴 字朝遠

承宣 見上
- 世 字開期 配陳氏
  - 宜寶 字朝珍 配梁氏
    - 戴宗 字始茂 配張氏 繼關氏
- 隆 字卓標 號秀喬 配梁氏
  - 德光 字濟珍 配曾氏
    - 裔宗
    - 熾宗
  - 德宏 字裕珍 配明氏

承錫見上
殿字卓興
配關氏
阿苟外出

承鼎見上
實字仁先
配張氏
萬興字豪珍
配張氏
繼關氏
廣孫字洪芝
配□氏
萬巽
萬富字□□
配□氏
永祚字遠祥
萬貴

承漸見上
适字省非
配張氏
萬德字聖珍
配關氏
乙有
萬通字曉珍
配關氏

承貫見上
顯字文華
配曾氏
萬足

昌祚 見上

萬着

萬新

元結 字紹遠 號成軒 配曾氏

式訓 字德端 配關氏

丙郎

式謀 字道端 號泰峯 配劉氏 繼黃氏

起郎 字挺昌 配關氏

有郎 字瓊譪 配□氏

昌圖 見上

國明 字燦夫 配□氏 繼立觀奇

觀奇

節明 字良琛 配吳氏

觀奇 出繼國明

觀正

昌翰見上

嘉賓字燕夫
配莫氏

上瑜

觀德

昌瑞見上

曰銓字帝夫
配關氏

觀榮

觀元

曰錸字應夫
配梁氏

觀貴

曰鐄字景夫
配關氏

觀就

曰銘

曰錫

昌言見上

曰銈字俊夫
號拔軒

從淋字肇長
號麟現

右禧字源璋
配□氏

配周氏

配陳氏

昌瑤見上

日鈁字鼎夫
配關氏

從漢字聯江
配口氏

從洙字業江
配口氏

奇英字誠傑
配口氏

從泗字翰江
配口氏

從口字澤江
配口氏

日鉽字佐夫
配關氏

日鈘字佑夫

昌馨見上

曰鈲字衍夫
配張氏

從泰

曰鈞字健夫
配曾氏

從泓字麗汀
配陳氏

奇富

有富字浩昌
配關氏

善慶見上

瀚漳殤

士雄見上

永華字聚龍
配潘氏

永貴字允龍
配臧氏

士賢見上

社帶

享永見上

士龍字章萬
號杰齋
配關氏
繼左氏

長龍 字錫萬 號介庵 配關氏

引弟 更名逢聖 字尚顯 號汲古 配黃氏

潤蕃 字成林 號叢庵 配關氏 繼關氏 庶蔡氏

逢吉 字惠顯 號順天 配關氏

才高 字敏堂 配關氏

才廣 字裕堂 配岑氏

才金

才寶 字珮堂 號蘭臺 配關氏

連聖 字和顯 號禮由

配□氏

志聖 字進顯 號譽亭 配馮氏

享貴 見上

瑞龍 字榮萬 號明庵 配周氏

連弟 字光顯 配岑氏

珍龍

東齡 見上

超龍 字飛萬 配關氏

炳漢

炳璀

彭齡 見上

志龍 字衍萬 配范氏

顯齡 見上

有德 字顯進 配吳氏

□□ 字朝昇 配關氏

□□ 字煥芳 配周氏

居梅圳

□□ 字任昇 配□氏

□□ 字炳芳 配黃氏

昌榮見上
- 初元
- 初侯

昌龍見上立觀潤繼
- 觀潤

昌乾見上
- 觀潤出繼昌龍
- 細潤
- 潤喜

昌鳳見上
- 社進

昌連見上

阿二

文輝 字斐然 號郁齋 配關氏 繼張氏

厚培 更名光斗 字富山 號賚齋 配胡氏

涵滄 字濟川 號海峯 聘黃氏 配潘氏

澤滄 字溶川 號桂峯 配勞氏

滙滄 字渭川 號連峯 配岑氏 繼李氏

浩滄 字沛川 號奇峯 配譚氏

厚郎 更名光林 字豔夫 配黃氏

厚蕃 字茂榮 配黃氏 外出

漢滄 殤

挺枏 字雄廣 配潘氏

挺棠 字凝超 配關氏

挺兼 字信超 配關氏 繼關氏

壽楊 見上

初進 字昇華 又字煥高 配張氏

應時 字希中 配吳氏

世榮 字緒輝 配關氏

仕林

壽林見上

初登字煥華 配李氏

宗喜字朝錫 配李氏

柏林外出

初勝

初孫

麟瑞見上

文光

文傑

文昭

麟貴見上

旦家

麟貞見上

昌茂字元照 配□氏

麟連見上

昌泰字□□ 配□氏

□□字履先 號葉清 配關氏

□□字茂華 配關氏

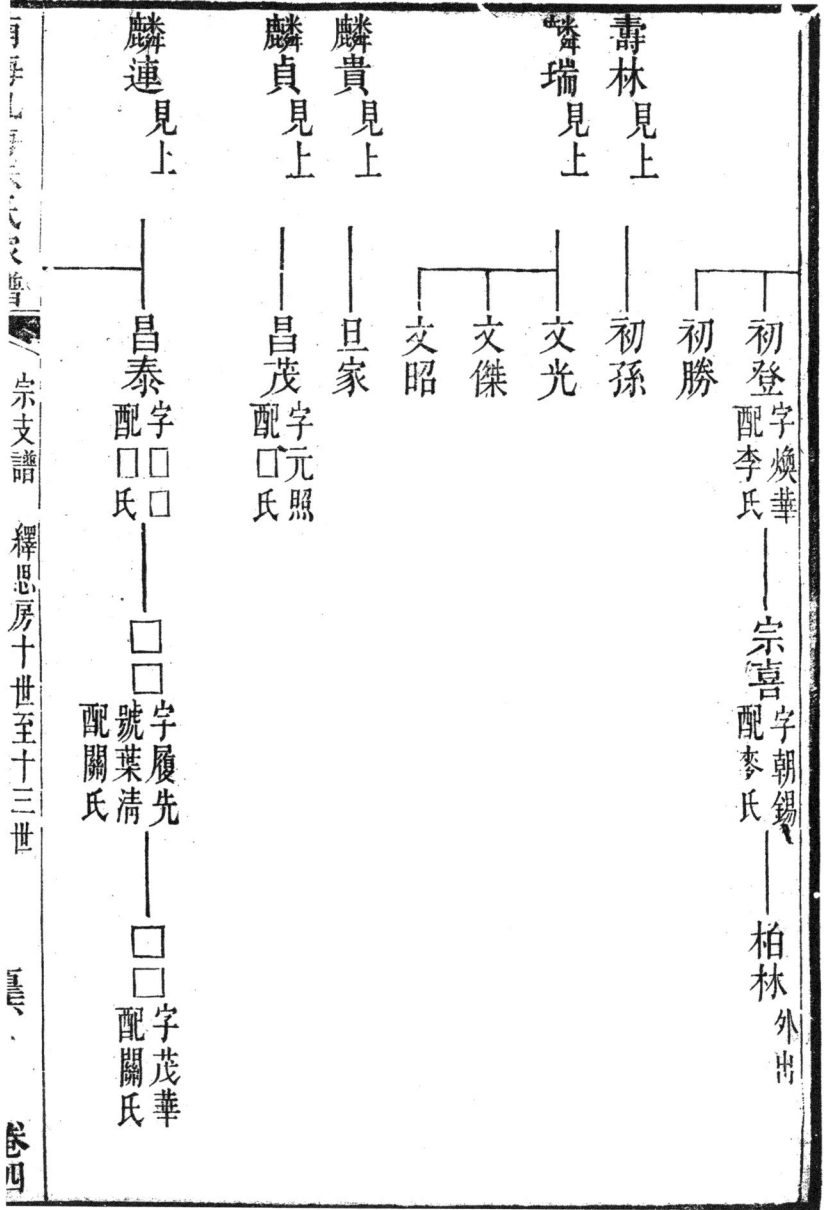

聯泰

麟意 見上
新仔

麟相 見上
長泰 字始陽

麟林 見上
連泰 字錫陽 配關氏
高泰 字貴陽
明泰 字正陽

广才 見上
達
通

南海九江朱氏家譜卷四終